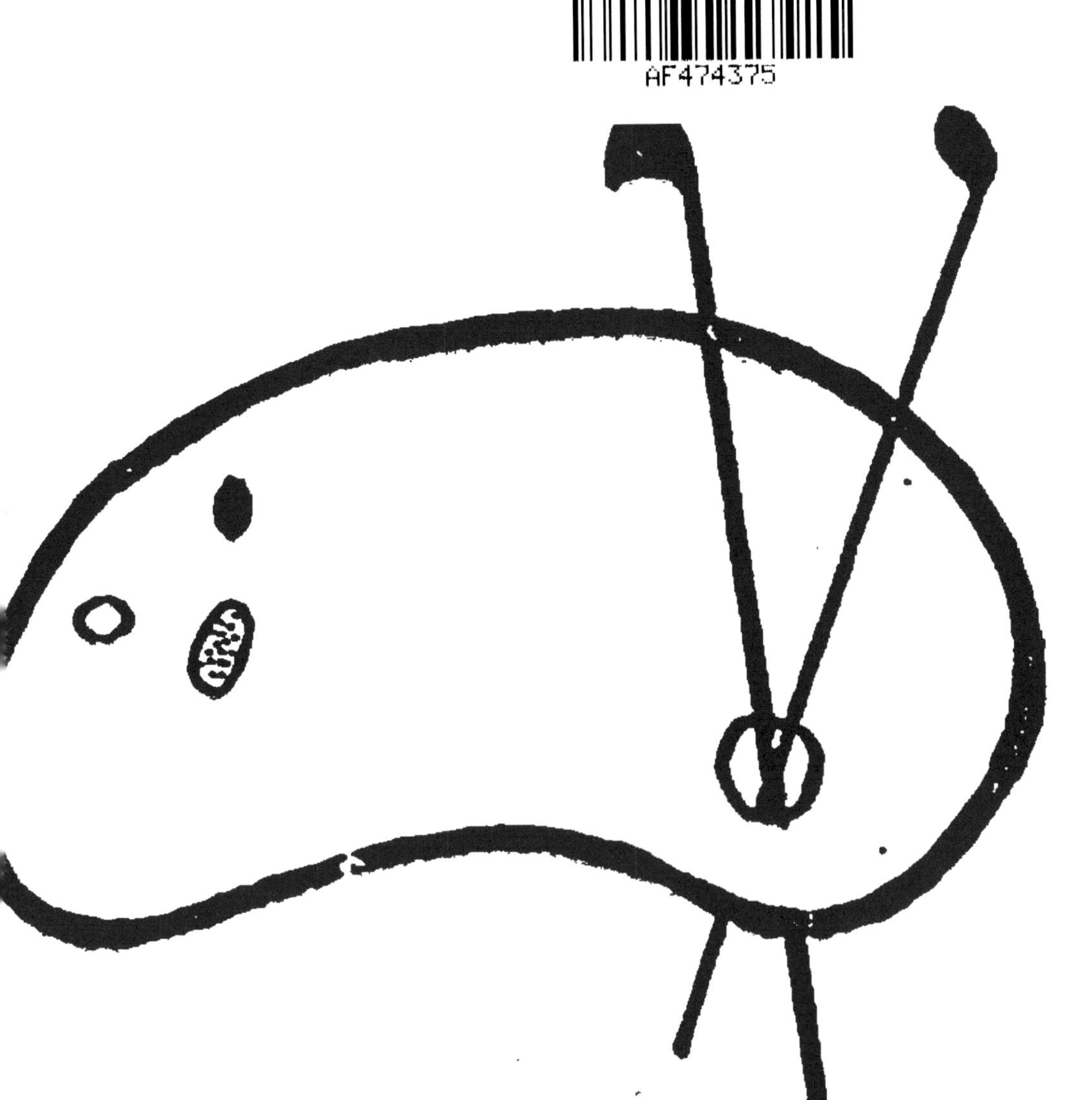

SERVICE DES ANTIQUITÉS DE L'ÉGYPTE

NOTICE EXPLICATIVE DES RUINES DU TEMPLE DE LOUXOR

PAR

G. DARESSY
CONSERVATEUR ADJOINT DU SERVICE DES ANTIQUITÉS

LE CAIRE
IMPRIMERIE NATIONALE
1893

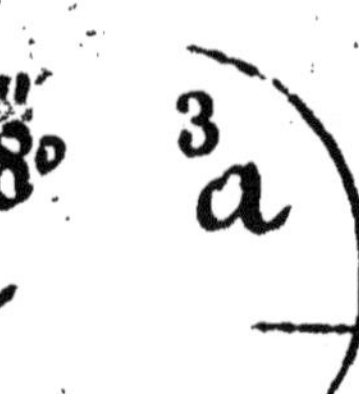

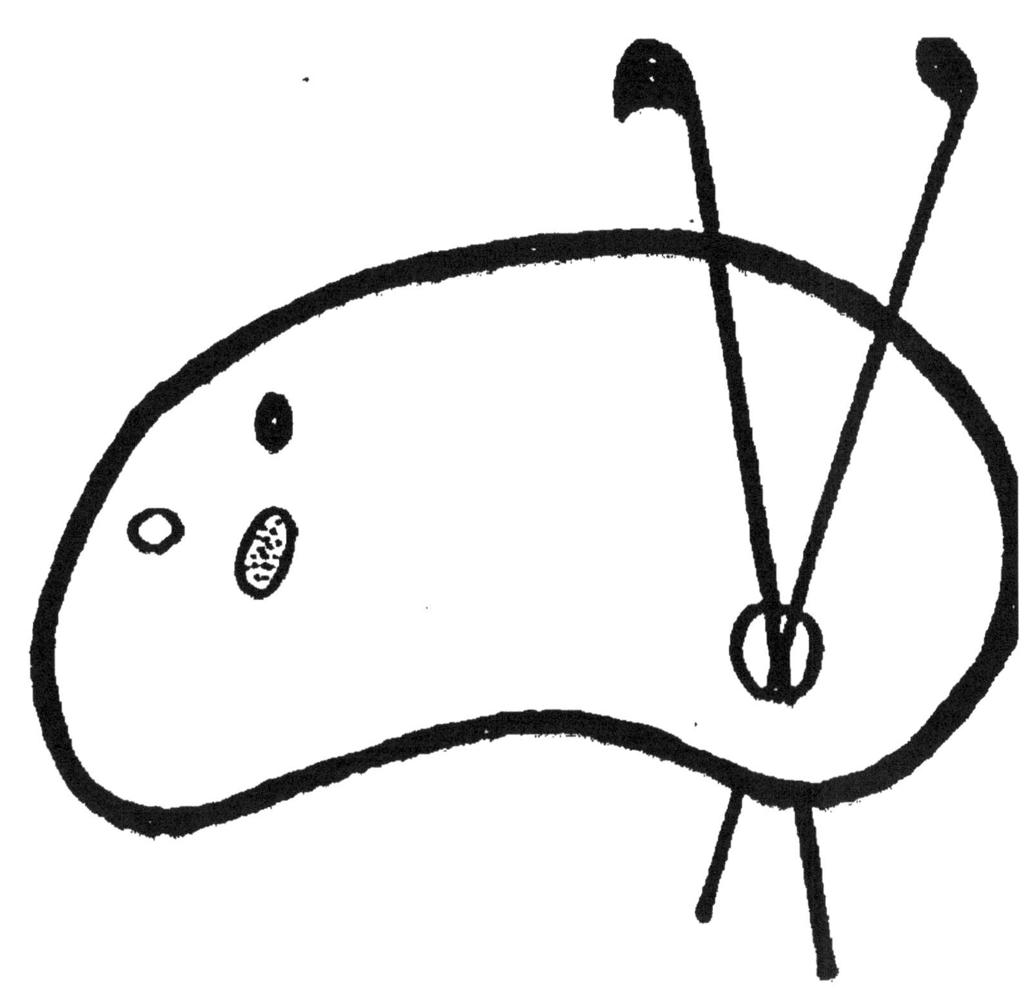

FIN D'UNE SERIE DE DOCUMENTS
EN COULEUR

SERVICE DES ANTIQUITÉS DE L'ÉGYPTE

NOTICE EXPLICATIVE DES RUINES

DU

TEMPLE DE LOUXOR

PAR

G. DARESSY

CONSERVATEUR ADJOINT DU SERVICE DES ANTIQUITÉS

LE CAIRE

IMPRIMERIE NATIONALE

1893

AVANT-PROPOS

C'est au cours des huit dernières années que le temple de Louxor a été déblayé. Auparavant il était impossible au voyageur de se rendre compte de la disposition et de l'étendue du monument, tant les terres amoncelées et les maisons construites jusque sur son faîte permettaient peu d'en saisir le plan.

A cette époque l'obélisque et les pylones marquaient l'extrémité septentrionale de l'édifice ; quelques architraves étaient visibles dans la mosquée d'Abou l'Haggag et dans les maisons voisines ; plus loin, quatorze grandes colonnes sortaient de terre, entourées de masures dont faisait partie l'agence consulaire de Grande-Bretagne; puis on rencontrait la grande cour, circonscrite par le portique d'Amenhotep III, dont les architraves dominaient les huttes des fellahs. Les colonnes de la salle hypostyle ne s'élevaient au-desssus du sol que de trois mètres environ ; on avait entrevu quelques fresques de l'église copte, mais les plans dressés alors ne portent aucune indication relative aux chapelles latérales. Seule la partie méridionale du temple était à peu de chose près dégagée ; elle était bien recouverte par les bureaux de la poste, ceux de la police et la Maison de France (1) qui se dressaient sur les terrasses, mais on pouvait visiter le sanctuaire et les chambres adjacentes.

Du temps de Mariette pacha, quelques rares touristes seulement visitaient la Haute-Egypte, aussi faisait-on moins de

(1) C'est ainsi qu'on appelait la maison construite pour les officiers de marine qui rapportèrent à Paris l'un des obélisques de Louxor. Elle servait, depuis l'époque de ces travaux, de logement à l'agent consulaire de France.

travaux qu'aujourd'hui pour leur faciliter l'accès des monuments. Les fouilles avaient alors plus spécialement pour but la recherche des textes inédits et la découverte d'objets de toute nature destinés à enrichir les vitrines du musée naissant. C'est à M. Maspero que revient l'honneur d'avoir commencé les déblaiements qui ont montré le temple dans son état actuel. En 1881-1882, le successeur de Mariette fit dresser, par le Ministère des Travaux publics, le plan des terrains et des maisons que possédaient divers propriétaires sur l'emplacement du monument. Une souscription fut ouverte par le *Journal des Débats* et le *Times* en 1883-1884, et produisit une somme de 19,000 francs. Ces ressources permirent d'acheter une partie des immeubles et les fouilles furent commencées le 5 janvier 1885, mais entravées au début par l'opposition des habitants, elles furent arrêtées bientôt de nouveau, faute de fonds et ne reprirent que l'année suivante. Cette fois les travaux étaient payés par les seules ressources budgétaires du Service des antiquités, qui avait pour auxiliaires les cultivateurs indigènes, autorisés à enlever gratuitement le *sebakh* (1). En 1887, M. Grébaut, successeur de M. Maspero dans la direction du Service des Antiquités, poursuivit les travaux engagés par son prédécesseur; mais les ressources financières faisaient toujours défaut ; les travaux exigeaient des sommes considérables dont on ne disposait pas et l'œuvre ne progressait que lentement. En même temps qu'avançait le déblaiement, on s'apercevait chaque jour qu'il y aurait à consolider sérieusement bien des parties de l'édifice.

A cette époque, M. Grand bey, ingénieur, directeur du Service des Villes et Bâti-

(1) En Egypte, on nomme sebakh la terre salpêtrée qu'on rencontre dans les sites antiques et que les fellahs emploient pour amender les terres ; le sebakh résulte de la décomposition de toutes les matières organiques qui de tout temps s'amoncellent en Orient autour des habitations.

ments, reçut la mission d'examiner les ruines antiques et plus spécialement le temple de Louxor, et de signaler les points qui avaient le plus promptement besoin de secours. La publication du rapport de ce fonctionnaire décida le Conseil des Ministres à demander à S. A. le Khédive de signer un décret établissant une taxe d'une livre égyptienne (25 fr. 92) par chaque touriste visitant les monuments anciens de la Haute-Egypte; le produit de la taxe devait être intégralement versé au Service des Antiquités pour servir aux déblaiements, aux réparations et à toutes les mesures de conservation jugées nécessaires. Dès lors le travail put être mené avec plus d'activité, et grâce à l'achat d'un matériel de chemin de fer Decauville, le transport des déblais à jeter au fleuve se fit plus rapidement. Pendant les hivers 1888-1890, sous la direction de M. Grébaut, et en 1892 sous celle de M. de Morgan, nouvellement nommé Directeur général du Service, les chantiers furent ouverts pendant 4 ou 6 mois. Les consolidations à exécuter sont bien plus importantes que le rapport de M. Grand bey ne l'avait fait prévoir; au cours de la dernière campagne, il fallut établir deux égouts pour permettre à l'eau du Nil d'entrer librement dans le temple pendant l'inondation (1), consolider quelques colonnes qui menaçaient de s'écrouler, construire un mur d'enceinte afin d'empêcher les habitants de faire du temple un réceptacle d'ordures, prolonger et surélever le quai romain, pour éviter la destruction du monument par les grandes eaux du fleuve. Ces divers travaux sont en bonne voie et seront promptement terminés si les maisons riveraines sont rapidement expro-

(1) Une des causes principales de destruction des monuments en grès est la présence du salpêtre, qui pénètre dans l'intérieur de la pierre et la désagrège. L'enlèvement des déblais, imprégnés de nitre, préserve en partie de ce danger; mais il faut encore substituer à l'eau d'infiltration, chargée de sels, qui envahit le temple chaque année, l'eau du fleuve qui dissoudra les dépôts cristallins déjà formés et les emportera.

priées. Quant au temple lui-même, toutes les parties en sont rendues accessibles; toutefois dans l'angle du nord-est, est encore la mosquée d'Abou l'Haggag, qui met obstacle à l'achèvement complet des travaux.

HISTORIQUE DU TEMPLE

Nom du temple.

C'est à la grande triade thébaine qu'étaient consacrés les sanctuaires de Louxor et de Karnak, à cette triade composée d'Ammon-râ, le dieu suprême, providence du monde; de Maut, sa femme, et de Khonsou, leur fils. Construit dans la partie méridionale de Thèbes (aptu, les chapelles), le temple de Louxor est le plus ordinairement désigné sous le nom de c'est-à-dire : « la demeure d'Ammon dans la chapelle du sud ».

Temple primitif.

On a supposé que dès le moyen empire il existait un temple sur l'emplacement du monument que nous voyons aujourd'hui; les pharaons de la XVIIIe dynastie avaient souvent coutume d'élever leurs monuments sur l'emplacement de sanctuaires plus anciens, détruits au cours des siècles ; aucune preuve certaine de ce fait n'a été trouvée jusqu'ici. On a rencontré, il est vrai, dans les déblais, en 1887, une table d'offrandes en granit noir, dédiée aux dieux d'Héracléopolis (1) par Osortasen III, de la XIIe dynastie, mais il n'est pas impossible qu'elle ait été apportée de cette ville à Louxor à une époque bien postérieure. On voit aussi quelques blocs de syénite aux cartouches de Sebekhotep II (XIIIe dynastie), ils ont été employés dans la construction du temple ou sont épars dans la ville arabe; on ne saurait déduire de leur présence la moindre indication sur l'emplacement qu'occupait jadis l'édifice dont ils ont fait partie.

Construction du temple par Amenhotep III.

Le temple dont nous admirons aujourd'hui les ruines fut fondé environ 1500 ans av. J. C. par Amenhotep III. Ce pharaon conçut le plan du monument et le fit construire en grès de Silsilis. A sa mort tout le gros œuvre était terminé, il ne restait à sculpter que quelques murailles; cette tâche fut accomplie par les derniers rois de la XVIIIe dynastie. L'édifice comprenait un sanctuaire entouré d'un certain nombre de petites pièces, une salle hypostyle, une vaste cour et une longue salle dont la terrasse était soutenue par quatorze immenses colonnes, les plus grandes qui se trouvassent alors en Egypte: car la salle hypostyle de Karnak n'existait pas encore. La longueur du temple était de 190 mètres, sa largeur maximum de 55 mètres; il ne renfermait pas moins de 155 colonnes.

(1) Cette table d'offrandes est au musée de Guizeh. Catalogue n° 136.

Chemin de Karnak.

Une voie passant à l'ouest du grand temple de Karnak et conduisant à la partie méridionale de la ville, existait probablement déjà lors de la construction du nouveau sanctuaire ; ce monument alors se trouva situé à son extrémité. Amenhotep fit de cette route une chaussée dallée, élevée au-dessus du niveau de l'inondation et bordée sur toute sa longueur d'une double rangée de béliers accroupis (1).

Temple d'Aten à Louxor.

Le temple, tel qu'à cette époque il était composé, renfermait toutes les parties prescrites par le rite. Il pouvait passer à juste titre pour l'un des plus beaux de l'Egypte. Malheureusement à peine construit, il eut à souffrir des querelles religieuses soulevées par Khou-n-aten, fils et successeur d'Amenhotep III. Le nouveau pharaon, adversaire du culte d'Ammon, fit marteler la figure du dieu proscrit, effacer son nom dans les inscriptions et jusque dans le cartouche de son père, partout

(1) En arrivant à Karnak, le chemin se bifurquait pour conduire aux différents édifices construits par Amenhotep III, au temple de Maut, à celui de Mentou, et au pylone précédant celui de Thotmès III, qui servit plus tard de fond à la salle hypostyle. Parmi les autres travaux d'Amenhotep à Thèbes, on peut citer son tombeau dans la vallée de l'ouest, et un immense temple funéraire dont il ne subsiste guère que les statues encore célèbres sous le nom de Colosses de Memnon ; elles ornaient l'entrée du monument.

enfin ou l'on put les atteindre. Une chapelle dédiée à Aten (représenté par un disque solaire émettant des rayons terminés par des mains), fut élevée à côté du temple. Elle ne subsista pas longtemps, car, détruite après la mort des rois hérétiques, les matériaux dont elle était construite furent employés dans les murailles de diverses parties du grand édifice. Le sanctuaire d'Ammon fut de nouveau ouvert au culte; Hor-m-heb et Séti I achevèrent alors de couvrir de bas-reliefs les parois laissées blanches par Amenhotep.

Agrandissements de Ramsès II.

Cent vingt ans après la mort du fondateur, Ramsès II, l'infatigable constructeur, augmenta le temple en y ajoutant la grande colonnade, une vaste cour garnie de portiques, un pylône, deux obélisques et des statues gigantesques. Le monument dès lors avait acquis tout son développement.

Le changement d'axe du temple.

En visitant le temple de Louxor, on est frappé de l'obliquité que présente la cour de Ramsès par rapport à l'axe de la grande colonnade. Ce dispositif a été adopté afin de dissimuler autant que possible la position biaise du temple relativement à l'avenue monumentale que l'on suivait en venant de Karnak. La façade principale construite par Amenhotep n'est pas, il est vrai, perpendiculaire à la direction de cette avenue, mais il était impossible de racheter l'obliquité totale sans nuire à la disposition de la grande colonnade. Plus tard, Ramsès II, en construisant la grande cour, fit entièrement disparaître ce défaut en élevant son pylone normalement à l'axe de la voie dallée. Dans ces conditions, la porte d'entrée du monument se trouvait juste en face de l'avenue des Béliers, et le raccord entre les deux axes de directions différentes se faisait aussi insensiblement que possible.

A ce changement de direction on avait jusqu'à présent cru trouver divers motifs plus ou moins plausibles; la plus répandue de ces explications consistait à attribuer la modification de l'axe à la situation du temple, qui aurait été bâti à pic sur le bord du Nil et aurait dû suivre les contours de la rive (1). Mais rien n'indique que le Nil ait changé son cours en cet endroit depuis l'antiquité: d'ailleurs les Egyptiens n'auraient pas éprouvé de difficulté à créer le terre-plein nécessaire à la construction de tout l'édifice en ligne droite.

Réparations antiques.

Il n'était exécuté de grandes réparations dans les temples qu'en cas d'extrême besoin : peu importait un mur abattu, une colonnade renversée, tant que l'enceinte était assez haute pour mettre le sanctuaire à l'abri des regards profanes. A différentes époques, d'importantes restaurations durent

(1) Cette opinion était entre autres celle de Mariette pacha.

cependant être entreprises. Presque toute la paroi extérieure Est fut refaite après Ramsès III, et antérieurement aux Ptolémées; vers l'ouest, les murs d'Amenhotep furent repris en sous-œuvre à une date indéterminée et ceux de Ramsès II réparés partiellement du temps des Romains, après le tremblement de terre de l'an 27 av. J.-C. (1).

Quai.

Le temple, s'élevant à proximité du Nil, avait à redouter les empiètements du fleuve; pour protéger ses fondations contre les infiltrations, à l'époque romaine (2) on construisit un quai en gros blocs de grès pris dans le temple, provenant des murs renversés qu'on avait renoncé à relever. Vers la hauteur des pylônes, un large escalier s'avança dans le Nil pour faciliter l'embarquement des processions

Établissement du christianisme.

Dès le premier siècle de notre ère, l'Évangile fut prêché en Egypte, et les adhérents à la foi nouvelle, devenus de plus en plus nombreux malgré les persécutions, formaient la majorité de la population lorsque le christianisme fut proclamé religion

(1) Le même tremblement de terre ruina la plupart des monuments de Thèbes et brisa la statue d'Amenhotep, appelée depuis colosse de Memnon.

(2) Probablement sous Tibère.

de l'Empire. L'édit de Théodose (389), ordonnant la destruction des temples païens, porta un coup mortel aux monuments antiques. Dans toute la vallée du Nil les anciens sanctuaires furent saccagés, les bas-reliefs martelés, les statues abattues ou mutilées. Les chrétiens prirent possession du temple de Louxor et transformèrent en église la salle centrale, située immédiatement après la salle hypostyle. Les chambres du sud, dont les portes furent murées, devinrent trois édifices sans communications directes entre eux.

Enfin une seconde église fut construite dans le retrait à l'ouest de la grande colonnade, entre les cours de Ramsès II et d'Amenhotep III.

Conquête arabe.

En 641 l'Egypte se soumit aux Arabes. La religion musulmane devint à son tour prépondérante et les églises furent délaissées.

Les habitations particulières envahirent l'intérieur du temple, où elles étaient moins exposées aux inondations que dans le reste de la ville. Construites en terre, en briques crues, en poteries superposées (1), elles étaient aussi peu durables que les constructions des fellahs de nos jours, et si fragiles qu'elles ne valaient pas la peine d'être réparées ; aussi lorsqu'une maison était devenue inhabitable, l'on abattait les pans de mur puis on

(1) Ce fait explique l'abondance de tessons de vases qu'on remarque sur l'emplacement de toutes les localités anciennes.

égalisait le terrain pour élever une nouvelle demeure sur les ruines de l'ancienne. Peu à peu le temple disparut sous l'accumulation des débris de toutes sortes, à tel point qu'au XVIe siècle, les décombres atteignaient en moyenne six mètres au-dessus du sol antique. C'est vers cette époque que dans l'angle nord-est de la cour de Ramsès, une mosquée fut établie et dédiée à Abou l'Haggag, un saint musulman du VIIe siècle de notre ère.

Temps modernes.

Pendant l'expédition française, les savants de la commission d'Egypte levèrent le plan du temple et prirent le dessin des scènes qui leur avaient paru les plus remarquables. Champollion lui-même vint à Louxor en 1828 et copia quelque textes; il signala la beauté et la conservation admirable des obélisques qui se dressaient devant les pylônes.

Méhémet-Ali avait fait cadeau à la France d'une des aiguilles de Cléopâtre (1); le gouvernement de Louis-Philippe obtint de changer ce monument en mauvais état, rongé par le sel et le sable, contre les obélisques de Louxor. Une mission envoyée en 1831 rapporta à Paris le monolithe qui se dresse maintenant au milieu de la place de la Concorde, l'autre qu'on voit encore à sa place antique appartient de droit également à la France, qui bien certainement ne l'enlèvera jamais.

(1) Les deux obélisques d'Alexandrie connus sous le nom d'aiguilles de Cléopâtre ont été emportés hors d'Égypte : le premier à Londres, le second à New-York en 1877.

Depuis une cinquantaine d'années les principales inscriptions hiéroglyphiques ont été relevées par les égyptologues qui remontèrent le Nil. Lepsius, Brugsh, de Rougé, pendant leur séjour à Louxor, ont copié les textes intéressants alors visibles dans le temple. Les derniers travaux ont mis à jour un certain nombre d'inscriptions inédites; malheureusement les textes historiques et géographiques sont concentrés au nord-est du monument, dans la partie qu'occupe encore la mosquée. Il ne sera possible d'achever le déblaiement qu'après le changement de place de cette mosquée ; la science alors tirera des ruines de Louxor tout le fruit qu'on est en droit d'en attendre.

DESCRIPTION DU TEMPLE

Dromos.

Devant la façade du temple, sept mètres de déblais recouvrent le sol, et l'allée monumentale qui jadis conduisait à Karnak est ensevelie sous des bâtiments nombreux; son emplacement correspond à la grande rue de Louxor, celle où se trouve le bazar. Cette voie suivant à peu près la même direction que l'avenue antique, son déblaiment exigerait des expropriations considérables, des travaux énormes et une dépense telle que, jusqu'ici, le Service des antiquités n'a pu l'entreprendre; d'ailleurs cette voie se trouve aujourd'hui au-dessous du niveau des eaux; en la mettant à jour on créerait un véritable lac qui ne serait pas sans graves inconvénients au point de vue sanitaire. Sans aller jusqu'à Karnak, où l'avenue est visible sur près d'un kilomètre de longueur, on peut en voir une partie au nord du village de Louxor, sur la place du marché. La chaussée, large de 6 mètres est construite en blocs de grès, dont quelques-uns proviennent d'anciens édifices et portent des fragments d'inscriptions. On voit notamment un cartouche de Thotmès IV, père d'Amenhotep III. A 6 mètres à droite et à gauche, des socles isolés soutiennent des béliers accroupis (1), tenant devant eux une statuette d'Amenhotep. On a rencontré, dans le terrain maintenant clos et occupé par la police, quelques débris d'un édifice d'époque saïte. L'avenue subit des modifications dans le voisinage de cet édifice ; les béliers, qui étaient déja probablement en mauvais état, furent remplacés par des sphinx à tête humaine dont les socles reçurent la légende royale de Nectanebo II (vers 350 av. J.-C.).

Obélisques.

La destination des obélisques est encore inconnue. On en trouve de petits en calcaire dans les tombes de l'ancien empire Ils n'ont guère qu'un mètre de hauteur et présentent les mêmes caractéres généraux que ceux du nouvel empire ; mais les grandes aiguilles, placées par paire devant les temples, et portant les noms et les titres honorifiques des pharaons qui les ont fait élever, n'avaient sans doute aucune signification funéraire : peut-être leur but n'était autre que de signaler de loin les sanctuaires ; ils jouaient en cela le même rôle que les minarets des mosquées et les clochers des églises, et s'apercevaient d'autant mieux que leur pointe (ou pyramidion) était fréquemment recouverte de métal brillant, or ou argent. Les deux obélisques de Louxor, taillés comme la plupart des monuments de cette espèce dans un bloc de granit rose de Syène, étaient encore en place au com-

(1) Le bélier était consacré à Ammon.

mencement du siècle. Ils furent donnés à la France en 1831. Celui de l'ouest, mieux conservé que son pendant, fut apporté à Paris et dressé le 25 octobre 1836 sur la place de la Concorde (1). Sa hauteur actuelle est de 22m,83; son poids dépasse 220 tonnes.

L'obélisque resté en place est un peu plus grand; il mesure 25m, 03 de hauteur, dont 2m, 56 pour le pyramidion. Ses quatre faces, qui vont en s'amincissant légèrement de la base au sommet, ne sont pas absolument régulières; elles présentent environ 2m,50 de largeur à la partie inférieure, et les surfaces possèdent une convexité de 0m, 034. On évalue son poids à 257,000 kilogrammes. Au dessous de la pointe, sur chaque face, Ramsès II agenouillé fait une offrande à Ammon-rà. Au

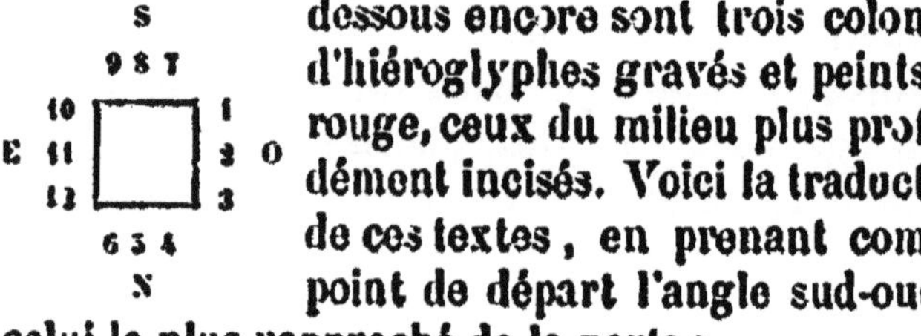

dessous encore sont trois colonnes d'hiéroglyphes gravés et peints en rouge, ceux du milieu plus profondément incisés. Voici la traduction de ces textes, en prenant comme point de départ l'angle sud-ouest, celui le plus rapproché de la porte :

FACE OUEST. — *Col. 1.* — L'Horus-soleil, taureau fort aimé de Rà, prince très aimé comme Ammon, fils aîné de Rà, qui est sur son trône, le

(1) On parle assez souvent des dangers de destruction qui menacent l'obélisque de Paris. A la vérité, sauf la disparition de la couleur, il ne présente aucune trace de dégradation due aux intempéries des saisons; la fente qui le partage en deux dans sa partie inférieure et atteint le tiers de la hauteur existait déjà dans l'antiquité, et les Égyptiens avaient maintenu les parties disjointes au moyen de queues d'arondes.

roi du midi et du nord *Râ-usur-mât-setep-n-râ*, fils du soleil *Amen-mer-râ-mes-su*. La demeure d'Ammon est illuminée comme l'horizon du ciel, on est heureux de ce qu'il a fait dans la grande résidence, le roi du midi et du nord *Râ-usur-mât-setep-n-râ* fils du soleil *Amen-mer-râ-mes-su*.

Col. 2. — L'Horus-soleil, courageux, maître de vaillance, possesseur des diadèmes, très redouté, protecteur de l'Egypte; Horus vainqueur qui châtie les nations et repousse les méchants, le roi du midi et du nord (*pr*) (1). Travaillant pour la gloire du père Ammon dans la demeure de la vérité, il fait que les maîtres de Thèbes sont dans l'allégresse et se réjouissent de ses monuments à toujours, éternellement, le fils du soleil (*n*).

Col. 3. — L'Horus-soleil, aimé de Mât, le roi des grands monuments de la demeure d'Ammon, prince fort et vigilant, au glaive puissant, le roi du midi et du nord (*pr*) fils du soleil (*n*). Il fait que les maîtres de Thèbes se réjouissent, que le cycle des dieux de la Résidence du chef (2) soit dans une grande joie, le roi du midi et du nord (*pr*) fils du soleil (*n*).

FACE NORD. — *Col. 4.* — L'Horus-soleil, aimé de Mât, roi du midi et du nord (*pr*) fils du soleil

(1) Pour éviter les répétitions, je désigne par (*pr*) le prénom *Râ-usur-mât-setep-n-râ* « soleil puissant par la Vérité, approuvé par le soleil », et par (*n*) le nom *Amen-mer-râ-mes-su*, « l'aimé d'Ammon, Ramsès », littéralement « le soleil l'a enfanté ».

(2) Désignation de Thèbes.

(*n*), le souverain aux grandes panégyries comme Tanen, le maître des deux terres (*pr*). Auteur des grands monuments de Thèbes (dédiés) au père Ammon-râ qui l'a placé sur son trône, le fils du soleil (*n*).

Col. 5. — L'Horus-soleil qui exalte Thèbes, possesseur des diadèmes, achevant dans Hermonthis les monuments du père Ammon qui lui a donné son trône; Horus vainqueur, bienfaisant (?) comme le dieu qui réside à Thèbes, roi du midi et du nord, aimant la race d'Horus, le maître des deux terres (*pr*). Il a fait élever, parmi ses monuments au père Ammon-râ, deux grands obélisques en granit, et les a joint à des millions de ...., le fils du soleil (*n*).

Col. 6. — L'Horus-soleil, taureau fort, fils d'Ammon, roi du midi et du nord, maître des deux terres (*pr*), fils du soleil, maître des diadèmes (*n*). Les statues et les monuments principaux de Louxor sont du maître des deux terres (*pr*). Il a fait des monuments dans Thèbes pour celui qui l'a enfanté, pour le père Ammon-râ qui a créé ses splendeurs, le fils du soleil (*n*).

Col. 7. — L'Horus-soleil, aimé de Mât, possesseur des diadèmes, protecteur de l'Égypte, châtiant les nations, roi du midi et du nord (*pr*), fils du soleil (*n*). Le roi fort, accomplissant les cérémonies, se prosternant devant celui qui l'a enfanté; les maîtres de Thèbes en prennent joie, la Résidence du chef est en fête, (à cause) du roi du midi et du nord (*pr*) fils du soleil (*n*).

Col. 8. — L'Horus-soleil, taureau fort aimé de Râ, possesseur des diadèmes, exalté à cause de la Vérité, Horus vainqueur, au glaive puissant, qui aime les deux terres, le roi du midi et du nord (*pr*); le très aimé qui augmente la gloire du père, sanctifie la demeure d'Ammon et purifie Thèbes. Son nom est placé dans Thèbes pour l'éternité, fixé dans Diospolis pour toujours par ce qu'il a fait, le fils du soleil (*n*).

Col. 9. — L'Horus soleil, taureau fort aimé de Mât, Horus vainqueur, puissant en années, le grand des victoires, soleil enfanté par les dieux, qui possède les deux terres, roi du midi et du nord (*pr*), fils du soleil (*n*). Prince au glaive puissant, très vaillant comme Set, fils de Nout; il met l'Égypte en fête par ses victoires, le roi du midi et du nord (*pr*), fils du soleil (*n*).

FACE EST. — *Col. 10.* — L'Horus-soleil, taureau fort, fils d'Ammon, roi du midi et du nord (*pr*) fils du soleil (*n*), roi très aimé comme Ammon; fils de Mentou, qui l'a créé de ses mains; le grand des victoires sur toutes les nations, comme le fils de Nout, le roi du midi et du nord, maître des deux terres (*pr*) fils du soleil (*n*).

Col. 11. — L'Horus-soleil, taureau fort aimé de Mât; Ptah a inscrit ses titres sur l'arbre sacré; investi de la royauté dans Memphis, il s'est emparé de tous les pays; la durée de son existence est celle du maître des panégyries; il est affermi pour des millions d'années, le fils du soleil (*n*).

Col. 12. — L'Horus-soleil, taureau fort, aimé de Mât, roi du midi et du nord (*pr*), fils du soleil (*n*); essence divine du roi des dieux, qui l'a élevé sur son trône, gouvernant la terre comme prince de tout le monde solaire. Il fait des monuments dans Thèbes pour celui qui l'a enfanté, le roi du midi et du nord, maître des deux terres (*pr*), fils du soleil (*n*).

La partie inférieure de cet obélisque est encore enterrée, mais la base de celui qui lui faisait pendant est maintenant dégagée. Le socle, en syénite rose, a $1^m,90$ de hauteur et repose lui-même sur un soubassement haut de $1^m,45$, long de $4^m,55$ et large de $3^m,70$. Les faces nord et sud du socle étaient ornées de quatre singes cynocéphales sculptés en haut relief, les mains levées en signe d'adoration. Sur leur poitrine et entre chacun d'eux étaient gravés les cartouches de Ramsès. Les singes qui ornaient le côté nord ont été transportés à Paris en même temps que l'obélisque (1); sur les quatre du côté opposé un seul avait été détaché, puis laissé sur place : il est aujourd'hui au musée de Gizeh (2). Sur les faces Est et ouest sont représentés des dieux Nils apportant des offrandes. La légende qui fait le tour du soubassement mentionne que le roi « a fait pour le père Ammon-râ l'obélisque de (l'aimé d'Ammon, Ramsès), chéri de Toum ».

Les deux obélisques sont bien entièrement

(1) Musée du Louvre. D 31.
(2) Catalogue de 1893. N° 178.

l'œuvre de Ramsès II : quand celui qui est à Paris était renversé, on a pu voir, gravés sous la base, les cartouches de ce pharaon.

Statues devant le pylône.

La façade du temple était ornée de six statues colossales de Ramsès II : les deux qui sont à droite et à gauche de la porte représentent le roi assis, les quatre autres le représentent debout. Les statues assises sont encore en place ; des quatre autres une seule subsiste entière, la plus occidentale.

Les statues assises ont été taillées chacune dans un seul bloc de granit noir ; une veine rouge se trouve dans la coiffure de celle de l'ouest. Le socle sur lequel cette dernière repose a $2^m,50$ de largeur, 6^m de longueur et $1^m,05$ de hauteur. Le siège a $2^m,90$ de haut. Le personnage a $11^m,65$ de hauteur, dont $6^m,65$ jusqu'aux épaules, 2^m pour la tête et 3^m pour la coiffure qui se compose des deux couronnes du midi et du nord emboîtées l'une dans l'autre posées sur le klaft, étoffe rayée qui entoure la tête. Les statues ont le cou entouré d'un riche collier ; elles ne portent que la *chenti*, vêtement d'étoffe plissée qui ne descend qu'au-dessus du genou, et dont la ceinture est nouée sur les reins. A côté du siège est représentée la reine Maut-mer-Nefert-ari. Autour de la base sont figurés des peuples vaincus, nègres et sémites :

leurs noms sont écrits dans les cartouches qu'ils portent sur la poitrine, ce sont :

1 Kouch.	6 Kamâhamu.
2 Inuââmu.	7 Arma.
3 Mau.	8 Anarodja.
4 et 5 (*détruits*).	9 Takarer.

La seconde statue, en granit noir, est entièrement brisée il n'en subsiste que le socle. La troisième, en syénite rose, est encore debout, mais son visage est mutilé. A côté du roi figure la « fille royale et épouse royale Amenmerit ». Le socle est également orné d'une série de captifs :

A droite.	*A gauche.*
1 Ha-nebu.	1 Ha-nebu.
2 Pet.	2 Pet.
3 Ta-res.	3 Ta-res.
4 à 6 (*détruits*).	4 à 6 (*détruits*).
7 (.....)	7 Anu-khent.
8 (*détruit*).	8 Mentiu-sati.
9 Gaurosas.	9 Kheta.
10 Atir.	10 Naharin.
11 Maïu.	11 (*détruit*).
12 Arkak.	12 Assal.
	13 Muab.

Mais ces listes ethnographiques n'offrent au point de vue historique qu'un intérêt secondaire, car elles sont purement conventionnelles, tous les pharaons à partir de la XVIIIe dynastie les ont copiées et recopiées (1).

(1) C'est ainsi qu'une liste de peuples gravée autour de la base d'un colosse de Ramsès II à Karnak est reproduite textuellement sur le socle d'une statuette de Taharqa, roi éthiopien de la XXIVe dynastie. (musée de Gizeh N. 633).

Pylône.

Le pylône ou entrée monumentale des édifices égyptiens, est un grand portail compris entre deux massifs pyramidaux plus élevés.

Le temple de Louxor nous offre un bon spécimen dû à Ramsès II, de ces constructions si fréquentes dans l'ancienne Egypte.

Chacun des massifs pyramidaux, épais de 8m,40, mesure 30 mètres de longueur ; la distance entre eux est de 4m,25, le temple présente ainsi une façade de plus de 64 mètres d'étendue. A l'intérieur les ailes des pylônes sont vides : sauf toutefois dans la partie où se trouve l'escalier. Tous les grands pylônes étaient construits ainsi, ce qui explique aisément pourquoi, malgré leur apparente solidité, ils n'ont pas résisté aux tremblements de terre. Celui de Louxor est en fort mauvais état : les parois ont fléchi et le massif oriental ne serait probablement plus debout s'il n'avait été maintenu à sa partie inférieure par la pression des terres. Il sera nécessaire, avant le déblaiement des parties voisines du pylône, d'exécuter intérieurement des travaux importants de consolidation.

Sur le front de chaque massif on remarque deux grandes rainures verticales : chacune recevait la base d'un énorme mât, reposant sur un socle en granit. Ces mâts, plus élevés que le pylône, portaient à leur sommet des banderoles d'étoffe dont la couleur variait suivant la fête à célébrer. Quatre larges baies pratiquées au-dessus des rainures donnaient de la clarté aux galeries intérieures, et facilitaient en même temps le changement des banderoles.

Un escalier dont l'entrée était au bas de l'extrémité Est du pylone, conduisait à la plate forme située au-dessus de la porte centrale, à 13 mètres au-dessus du sol; de cette plate-forme partait, dans chaque massif, un escalier par lequel on parvenait soit au couloir où se trouvaient les baies, soit au sommet de l'édifice, haut de 21 mètres.

Dans les matériaux qui ont été employés à la construction du pylône, on remarque un certain nombre de pierres provenant de la chapelle que Khou-n-aten avait élevée en l'honneur de son dieu, le disque rayonnant.

La façade est entièrement couverte de sculptures. Sur les deux ailes, on remarque en haut les cartouches de Ramsès II; au-dessous de ces cartouches on lit une inscription dédiant à Ammon « le pylône avec ses mâts qui approchent du ciel ». Viennent ensuite un grand bas-relief et un long texte en colonnes verticales relatifs aux guerres de Ramsès contre les Khétas, dont l'empire s'étendait alors sur toute la Syrie septentrionale et sur une partie de l'Asie Mineure. Les deux tableaux servent d'illustration au récit officiel de la bataille de Kadech :

L'an 4, le 9 Epiphi, Ramsès II, après avoir traversé toute la Syrie, plaça son camp à Sabtouna, bourgade en vue de Kadech. Il ignorait le terrain et la situation de l'ennemi. Pendant une reconnaissance qu'il faisait en personne, accompagné seulement de sa maison militaire, le roi fut induit en erreur par deux bédouins qui lui montrèrent les tribus syriennes comme prêtes à se joindre à lui, et l'armée des alliés en retraite vers le nord par crainte de sa puissance.

Rassuré par ces nouvelles d'ailleurs très vraisemblables, Ramsès se porta vers le nord à la tête de son avant-garde et laissa en arrière le gros de ses troupes. Pendant ce temps les Khetas, fort bien renseignés sur la marche des Égyptiens, concentraient leurs forces derrière Kadech et se préparaient à fondre sur la petite armée du pharaon dans sa marche de flanc. Ramsès allait à sa perte.

Heureusement, sur ces entrefaites, les éclaireurs égyptiens amenèrent au roi deux espions qu'ils venaient d'arrêter et qui, sous le bâton, dévoilèrent la position et les projets des alliés.

Ramsès convoqua sur le champ son conseil de guerre, adressa de justes reproches à ses officiers sur leur manque d'informations, leur avoua tout le critique de la situation et dépêcha un exprès vers le gros de l'armée pour le ramener en toute hâte.

A peine ce courrier était-il parti que le prince des Khétas se porta vers le sud de Kadech, démasquant toutes ses troupes et coupant la retraite à l'armée royale.

L'avant-garde égyptienne divisée en deux parties par la défaite de son centre, la légion de Pa-râ ne dut son salut qu'à des prodiges de valeur; huit fois le roi chargea en personne, ralliant ses troupes dispersées; il parvint à se maintenir jusqu'à l'arrivée du gros de son armée. A l'approche des troupes fraiches, les alliés abandonnèrent le champ de bataille couvert des cadavres des leurs; la nuit d'ailleurs venait mettre fin au combat.

C'est le lendemain qu'eut lieu la rencontre décisive, l'armée des Khétas fut écrasée par le choc des Égyptiens; beaucoup d'alliés périrent par les armes, d'autres se noyèrent dans l'Oronte, où ils furent acculés; le massacre des vaincus eût été complet sans une sortie de la garnison de Kadech qui sauva les fuyards.

Dès le lendemain de son désastre, le prince des Khétas demanda et obtint la paix.

Sur la partie du pylône située à l'ouest, est représenté le camp égyptien de forme rectangulaire; les boucliers des fantassins, dressés à côté les uns des autres, garnissent la palissade. A l'intérieur sont déposés les provisions et les bagages de l'armée; les soldats font l'exercice. Le côté gauche montre Ramsès regardant donner la bastonnade aux deux espions, puis réunissant son conseil de guerre; près de lui se tient sa garde composée en partie d'Egyptiens et en partie de Chardanes reconnaissables à leurs casques hémisphériques ornés de deux cornes et d'une boule.

Sur l'aile orientale du pylône est figurée la grande bataille. A droite, le roi sur son char tire de l'arc sur les ennemis qui l'entourent; ils sont repoussés et culbutés dans la rivière. En bas et en haut défilent les chars; trois hommes sont sur chacun d'eux: un combattant, un écuyer et un conducteur. A l'extrémité gauche, les ennemis se heurtent à l'armée égyptienne arrivant de front. En bas du même côté, le « vil prince des Khétas se retourne tremblant » sur son char. Une inscription dit que « l'armée qui est derrière lui compte 10,000 hommes; c'est l'armée des gens de chars venus du vil pays des Khétas ». Cependant les alliés rentrent tumultueusement dans la ville dont les remparts sont entourés d'eau. Les types des différents peuples composant la ligue sont bien indiqués: avec les Khétas, au visage gras et ridé, on remarque beaucoup de Sémites, gens du pays d'Amaour (Amorrhéens), la tête couverte d'une étoffe maintenue autour du front par un bandeau, et de peuples de l'Asie Mineure : Chakalach avec un bonnet retombant en arrière, Tourcha à casque pointu, Djakari dont la coiffure est analogue à la tiare perse.

Sous ces tableaux se trouve reproduite la composition historique connue sous le nom de poème de Pentaour. Cette épopée est assez connue pour qu'il semble inutile d'en donner ici la traduction *in extenso*, en voici seulement le résumé :

Lignes 1-2. — Énumération des peuples alliés.

Lignes 2-10. — Louanges du roi ; préparatifs de la campagne : le passage de la frontière, l'an 5, le 9 Paoni (un mois avant la bataille).

Ligne 11. — Arrivée à Kadech.

Lignes 12-14. — Nouvelle énumération des ennemis.

Lignes 15-18. — Description de l'embuscade, attaque de la légion de Pa-râ.

Lignes 18-24. — Ramsès II s'arme et monte sur son char.

Lignes 25-33. — Invocation du roi à Ammon.

Lignes 33-43. — Ramsès se lance sur les ennemis et les met en déroute.

Lignes 44-53. — Reproches du roi à ses généraux.

Lignes 54-58. — Menna, écuyer du roi, supplie son maître de ne plus rentrer dans la mêlée.

Lignes 59-60. — Le gros de l'armée arrive et trouve la terre couverte de cadavres.

Ici finit le texte de la partie occidentale, la seule qui soit dégagée ; de l'autre côté se trouve la fin du poème : les louanges de l'armée au roi, la réponse de Ramsès qui renouvelle ses reproches d'abandon, la mention de la bataille du lendemain, le message du prince des Khétas implorant la paix et finalement le retour triomphal en Égypte.

Sur les deux côtés de la porte, le chambranle est orné de tableaux superposés dont le sujet est toujours une adoration de Ramsès II à l'une des grandes divinités de Thèbes.

Extérieur des murs de Ramsès.

L'extérieur de la cour de Ramsès II était couvert de textes et bas-reliefs historiques; ce roi avait même empiété jusque sur la paroi de la cour d'Amenhotep III. Les représentations sont mutilées, mais heureusement elles n'étaient pas uniques, on en trouve des exemplaires plus ou moins complets dans les temples d'Abydos, de Karnak, du Rameseum, d'Abousimbel, de Beit-el-Oualy, etc. Voici l'explication de ce qui subsiste sur le mur occidental du temple de Louxor, en suivant les scènes à partir du pylone :

1. *Registre inférieur.*— Prise d'un fort dans « le pays de *Kati*, à proximité du *Naharaïn* ». Le texte dit que « Sa Majesté était près de *Tounep*, dans le pays de *Naharaïn* ».

2. *Registre supérieur.* — Bataille et prise de la ville de *Dapu*..... dans le pays des *Khétas*. On remarque le lion du roi se jetant sur les ennemis.

3. Les fils du roi présentent des captifs à leur père.

4. Le roi, sur son char, emmène les captifs.

5. Liste de pays conquis et de villes soumises.

Dans la partie faisant suite à la porte était une autre liste ethnographique; le mur ayant été réparé à l'époque romaine, les représentations ont disparu. Avant d'arriver à l'angle, on voit la « prise du fort de... *tar* ».

En retour vers l'est. La prise du fort de *Satuna*, situé sur une montagne au milieu des forêts. Le roi prend part à la bataille et, monté sur son char, lance des flèches sur l'ennemi en déroute.

Sur le mur de la grande colonnade, on aperçoit un fort démantelé au sommet d'une montagne, dont les flancs sont couverts de plantes variées Le fragment de texte qui suit annonce que le roi était dans le pays des Amorrhéens. C'est à cet endroit que suivant l'ordre des faits devrait être représentée la grande bataille, le tableau de l'Est du pylone et le camp égyptien ; au moins tout ce qui précède le fait supposer. L'ennemi approche ; une estaffette à cheval, assise en amazone, portant seulement un carquois et une cravache, s'avance pour avertir les troupes. A la suite on voit « la venue en hâte » de l'armée égyptienne sous forme d'un défilé de chars, et vers l'extrémité du mur les fils du roi amenant des prisonniers khétas et sémites à la suite de la bataille.

Sur le mur nord-ouest de la grande cour étaient des scènes presque entièrement disparues aujourd'hui, il n'en subsiste que le compte des mains coupées.

Le mur oriental représente le retour du roi, le défilé des chars et un texte historique dont il ne reste que quelques mots du bas de chaque ligne.

A l'Est les murs sont encore presque totalement enfouis; on peut cependant voir que depuis le pylône jusqu'à la rencontre du mur de la grande colonnade, ils portent des compositions historiques.

Cour de Ramsès II.

Entrée. — La porte d'entrée principale du temple, comprise entre les deux massifs du pylône, a perdu son couronnement. Les bas-reliefs qui en ornent les côtés sont dus au roi éthiopien Chabaka, de la xxve dynastie. Champollion a déja fait remarquer le relief inusité des figures, presque aussi saillantes que dans les œuvres de l'époque ptolémaïque.

Disposition de la cour.— La cour de Ramsès II présente la forme d'un quadrilatère oblique, dont le grand pylône et la façade d'Amenhotep II prolongée forment les petits côtés. Deux murs de 59 mètres de longueur, percés chacun d'une porte, complètent l'enceinte. Un portique soutenu par une double rangée de colonnes entourait la cour, interrompu seulement devant les quatre portes et vers le nord-ouest : dans cette partie, Ramsès II lui substitua une petite chapelle composée de trois chambres appuyées à l'aile occidentale du pylône.

Murs. — Les scènes et les textes qui couvrent les murs de cette cour présentent le plus grand intérêt. Pour les examiner avec ordre il est nécessaire de commencer par le fond et de marcher vers le pylône.

Sur la paroi du sud-est, le chambranle de la porte a conservé des bas-reliefs d'Amenhotep III et d'Hor-m-heb ; du temps de ces rois, la façade du temple se trouvait en cet endroit; mais Ramsès II, qui prolongea ce pylône, usurpa leurs autres bas-reliefs lorsqu'il fit décorer toute la cour. On voit d'abord une grande scène d'adoration à Ammon et à Maut ; primitivement le pharaon suivi du dieu Khonsou offrait l'emblème de la vérité On en fit plus tard le prénom de Ramsès II ; le souverain reçoit en échange les emblèmes de la force et de la victoire. Au registre supérieur, Thot écrit le cartouche royal sur les feuilles de l'arbre sacré. Cette scène, qui figure dans beaucoup de temples, symbolise le grand nombre d'années accordées au souverain et la perpétuité de son souvenir. Sur le soubassement, une petite inscription votive mentionne quelques personnages importants de la XXIe dynastie. Ce sont le grand prêtre (premier prophète) d'Ammon Pinedjem, fils de Piankh, les reines Râ-mâ-ka et Hent-taui, et la supérieure des recluses d'Ammon (femme du grand prêtre) Nedjem-maut qui adorent Ammon, Min (1) Maut et Khonsou. Près de l'angle, dans le registre supérieur, le roi, amené par Mentou et

(1) Suivant quelques auteurs, le même dieu se nomme Khem ou Amsu.

Ap-ouâtou, offre l'encens et fait des libations devant Min, pendant que Thot inscrit les « millions de fêtes » que le dieu lui accorde. Au-dessous commence la représentation d'une série de personnages géographiques apportant différents tributs, la suite de cette scène se trouve sur le mur oriental. Ces personnages représentant les districts miniers qui appartiennent à l'Égypte, sont énumérés comme suit :

1.— *Nuiu-u* ou *Noun*, La région des grands lacs.
2.— *Nesu-taui*, Les trônes des deux terres, Monts de la lune (?)
3.— *Amu*, L'Abyssinie ?
4.— *Kuch*, L'Ethiopie, le Soudan égyptien.
5.— *To-khent*, La Nubie.
6.— *Khent (un-nefer)*, L'Etbaye.
7 et 8.— (Détruits).
9.— *Ab*, La région d'Éléphantine.
10.— *Ub*, Les carrières de Silsilis (?)
11.— *Teh*, Apollinopolis, Edfou.
12.— *Kebti*, Coptos.
13.— *Kebti*, Coptos.
14.— *To-nuter*, Dans le 16e nome, en face de Minieh.
15.— (Détruit).
16.— *Kenemt*, Oasis de Khargeh.
17.— *To-ah*, Oasis de Farafra.
18.— *Tses-tses*, Oasis Dakhlieh.
19.— *Tep-ahu*, Montagne d'Aphroditopolis.
20.— *Mafek*, Le Sinaï.
21.— *Asi*, L'île de Chypre.

La légende qui court au-dessus de ce tableau énumère les constructions de Ramsès dans le temple :

Devant la chapelle d'Ammon, il a fait une grande cour

en grès et l'a entourée de colonnes, les battants des portes et les mâts sont en acacia, incrustés de bronze ciselé; il a érigé des statues monolithes du roi, a ménagé un parvis, avec deux obélisques pour Ammon et Toum, etc.

Au-dessus des personnages géographiques se trouve le commencement d'une longue litanie d'Ammon, adoré par Ramsès sous tous ses noms et en tous ses sanctuaires, la fin de ce texte est en ce moment cachée par la mosquée. Cette partie du temple semblant être consacrée aux mentions géographiques, peut-être trouvera-t-on à la suite des listes intéressantes de nomes ou de peuples étrangers.

Dans l'angle du sud-ouest, les murs sont plus dégradés et il ne reste guère que les scènes du registre inférieur. Après le chambranle de la porte, orné par Amenhotep III, on voit le bas d'une grande scène d'adoration aux divinités. Sur le mur de Ramsès II est d'abord représenté le grand pylône avec les deux obélisques, les six statues et les quatre grands mâts. Les dix-sept premiers fils du pharaon, tenant en main des bouquets, viennent assister à l'inauguration du monument; leurs noms sont ainsi donnés :

1.— Le prince héritier, le général en chef, *Amen-her-khopech-f*, (Ammon avec son glaive).
2.— Le général de l'armée, *Râ-mes-sou*, (Le soleil l'a enfanté).
3.— Le général des troupes auxiliaires et de la cavalerie, *Pa-râ-her-unam-f*, (Le soleil est à sa droite).
4.— *Kha-m-uas*, (Qui apparaît à Thèbes).

5.— *Mentu-her-unam-f*, (Mentou est à sa droite).
6.— *Neb-n-khal*, (Maître de la Syrie).
7.— *Meri-amen*, (Aimé d'Ammon).
8.— *Amen-m-ua*, (Ammon dans la barque).
9.— *Setep-n-râ*. (Approuvé par le soleil).
10.— *Séti*, (Qui est à Set).
11.— *Râ-meri*, (Aimé de Râ).
12.— *Hor-her-unam-f*, (Hor est à sa droite).
13.— *Ptah-mer*, (Aimé de Ptah).
14.— *Amen-hotep*, (Ammon au repos).
15.— *Meritum*, (Aimé de Toum).
16.— *Neb-n-to-neb*, (Maître de toute terre).
17.— *Râ-meri*, (Aimé de Râ).

A la suite des princes royaux, les serviteurs amènent des bœufs pour le sacrifice. Ces animaux fort gras portent entre leurs cornes différents insignes : les quatre premiers sont ornés de plumets, le cinquième d'une tête de nègre, le sixième d'une tête de sémite ; le reste est malheureusement détruit. Au-dessous on voit une légende délicatoire de Ramsès III en surcharge sur une autre de Ménephtah, qui l'avait déjà probablement prise à Ramsès II.

Au delà de la porte, réparée à l'époque romaine, et dont le seuil est en albâtre et en granit, le mur est plus élevé. Sous la frise, Ramsès II fait une offrande à une série de divinités ; plus bas le roi accomplit les cérémonies propitiatoires :

1° Il est purifié par Thot et Horus ;

2° Il consacre des offrandes à Ammon et à Maut en les touchant du bâton ⟶ ;

3° Il amène au dieu Min quatre veaux de couleur différente : l'un noir, le second blanc, le troisième rouge et le dernier tacheté ;

4° Il consacre quatre coffres surmontés de plumes ;

5° Il apporte à Min et à Ament deux grands vases ;

6° Il offre le feu à Ammon et à Maut ;

7° Il fait dresser en présence de Min le *Sehent*, mât maintenu par quatre étais après lesquels grimpent des soldats, reconnaissables aux plumes qu'ils portent sur la tête.

Au registre inférieur sont d'abord figurés trois Nils apportant des offrandes, puis la reine Mautmert-nefert-ari ayant la coiffure d'Hathor sur la tête et tenant un sistre dans chaque main. Le texte qui suit, gravé à sa louange, dit que :

Prenant ses sistres pour apaiser son père Ammon, elle est très aimée quand elle entonne son chant ; elle est belle à voir, avec ses deux plumes sur la tête, la grande recluse d'Horus, maître du palais ; on est rendu heureux par ce qui sort de sa bouche, quel que soit le sujet dont on l'entretienne ; toute bonne chose est en sa pensée, chacune de ses paroles met en joie le pays, on vit en entendant sa voix.

Derrière elle viennent les fils du roi, les mêmes qui sont énumérés précédemment, puis les princesses royales, toutes prêtresses d'une divinité, mais dont les noms sont mutilés pour la plupart. A la rencontre du pylône, le mur a conservé toute sa hauteur, de 10m,30.

Sur le pylône sont gravés quelques Nils chargés des produits de la terre.

PORTIQUE. — Les 72 colonnes lotiformes qui soutiennent le portique sont quelque peu massives ; leur décoration se compose à la base de feuilles imbriquées entre lesquelles sont gravés soit le cartouche royal accolé de deux uræus, soit le nom du pharaon posé sur le signe de l'or adoré par les *rekhou* , oiseaux à bras humains, emblèmes des êtres intelligents. Vers le milieu de la colonne un tableau représente le roi adorant alternativement Ammon et Min qui sont accompagnés quelquefois de Khonsou, représenté avec le corps momifié ou portant une tête d'épervier surmontée du disque ; plus ordinairement près du dieu se tient l'une des déesses suivantes :

Maut, coiffée du vautour et du pchent.
Mât, avec une plume d'autruche sur la tête.
Isis, avec les cornes et le disque.
Apet, qui a la coiffure d'Isis posée sur le signe .
Hathor, portant sur la tête deux longues plumes.
Bast, à tête de lionne.
Ament, ayant la couronne du nord.

Les architraves ne montrent que les louanges ordinaires à Ramsès II à l'occasion de ses constructions. Dans l'angle du sud-est on remarque cependant la légende royale écrite d'une manière compliquée, presque sous forme de rébus : chacun des mots faisant partie de cette légende est placé sur la tête d'un personnage divin, ou bien c'est le personnage lui-même qui exécute l'action que désigne le mot.

Le portique n'est pas symétrique : indépendamment de la partie nord-ouest, où il est remplacé par trois chambres, il est interrompu vis-à-vis des portes latérales qui se trouvent entre la 5me et la 6me colonne du côté oriental, entre la 6me et la 7me du côté occidental. Il était jadis recouvert de dalles posées sur les architraves et les murs, quelques-unes seulement sont encore en place vers le fond de la cour.

CHAPELLE. — Contre l'aile occidentale du pylône est une petite construction composée de trois chambres longues, offrant quelque analogie avec la chapelle de Séti II renfermée dans la grande cour qui précède la salle hypostyle de Karnak. Chacune des salles est consacrée à l'un des membres de la triade thébaine : celle du centre à Ammon, celle de l'ouest à Maut et celle de l'est à Khonsou.

CHAMBRE D'AMMON. — Le fond de la salle est sculpté de manière à simuler une porte monumentale au sommet arrondi. Ce genre de décoration se retrouve dans divers temples ; on le voit à Deir-el-Bahari et dans chacune des chambres voûtées d'Abydos.

Sur le mur oriental, Ramsès II présente l'encens à Min, suivi de la Thébaïde personnifiée Se tenant debout derrière lui, Thot annonce au roi que son nom survivra aussi longtemps que subsistera dans leur sanctuaire la mémoire de 22 divinités qu'il énumère comme suit : Ammon, Maut, et Khonsou à Thèbes ; Toum, Chou, Tefnout et Seb à Héliopolis ; Osiris et Osiris-khent-amenti à Abydos, etc.

Sur la paroi occidentale, le roi encense la barque d'Ammon. Vers le fond de la salle sont deux petites niches dans lesquelles Ramsès II est représenté recevant la purification des mains du An-mout-f et du dieu Thot.

L'encadrement de la porte de cette salle est en syénite rose; sur les montants sont gravés les cartouches de Menephtah, treizième fils et successeur de Ramsès II.

CHAMBRE DE MAUT. — Au fond le roi adore la grande déesse de Thèbes; sur le mur Est il présente l'encens et les offrandes à Maut et Neith, de Sais, assises dans le même naos. Ces deux divinités sont suivies de huit déesses assises sur deux rangs :

1 Maut 2 Ament 3 Apet-urt 4 Hathor
5 Sekhet 6 Bast 7 Ur-hekat 8 Uadjit

Leur nom seul les désigne, car elles n'ont aucun de leurs attributs : les quatre dernières, par exemple, devraient être représentées avec une tête de lionne. Le roi est accompagné de Khonsou qui lui sert d'intermédiaire auprès des déesses.

Sur la muraille occidentale, le roi, suivi de Thot, offre l'huile à la barque de Maut, en récitant les prières consacrées.

CHAMBRE DE KHONSOU. — Cette salle est en mauvais état, les sculptures de la paroi orientale ont disparu; sur le mur ouest, on voit encore Ramsès II présentant les essences sacrées devant la barque de Khonsou.

Ce temple en miniature, que le pylône écrase de sa masse, a été construit en même temps que la cour et avec des matériaux presque tous empruntés à de plus anciens monuments : on y voit des pierres portant des inscriptions de la XVIIIe dynastie et d'autres aux cartouches de Ramsès II lui-même. Les frises des murs avaient déjà reçu comme décoration une série de signes symboliques [hiéroglyphes] reproduisant le nom du roi lorsqu'on s'aperçut que les salles manquaient de hauteur : les murs furent alors surélevés d'une assise ; on remplit de plâtre les creux de la frise et autour des chambres on grava, à la partie supérieure, des bas-reliefs représentant le roi agenouillé successivement devant plusieurs divinités. Le plâtre est maintenant tombé et les anaglyphes de Ramsès sont enchevêtrés dans les jambes des personnages.

Devant le temple se trouvait autrefois un portique de petite taille, soutenu par quatre colonnes en granit rose. Ces colonnes très élégantes, mais de dimensions inégales, ont probablement été prises dans un édifice plus ancien ; leurs architraves, surmontées d'une corniche en grès, montrent les cartouches de Ramsès II, mais ce roi n'a fait que se les approprier et les retourner : à leur partie supérieure on voit en effet des fragments d'une légende de Thotmès III.

La chapelle était construite sur une plate-forme un peu plus élevée que le sol de la cour, et on y accédait par un escalier aujourd'hui disparu.

Statues. — A Louxor, comme partout ailleurs, Ramsès II s'est livré à sa passion pour les statues. Il en avait déjà placé dix au dehors du monument: six devant le pylône, deux à côté de chaque porte latérale. Il en mit aussi à l'intérieur du temple, et sa cour est maintenant désignée communément sous le nom de « cour des statues », à cause des treize effigies royales qui l'ornent.

Deux immenses statues en granit noir, de dimensions inégales, semblent garder la porte du fond. Ramsès II est représenté assis, vêtu de la chenti, la double couronne reposant sur son klaft. A ses côtés se tient debout la reine Mer-n-maut-Nefert-ari costumée et coiffée en Hathor.

A droite et à gauche des sièges, les deux Nils, celui du nord et celui du sud, lient autour du signe *sam*, emblème de réunion, les plantes symboliques du nord et du sud . Sur le devant du socle, Ramsès qualifié « soleil des princes » est purifié par le An-maut-f revêtu de ses insignes : la tresse et la peau de panthère.

Autour des socles sont figurés les peuples vaincus, nègres et sémites. En voici la liste, analogue à celle des statues situées devant le pylône.

1 *Le pays du sud.*
2 *La vile Ethiopie*, (Kouch).
3 *Atir.*
4 *Armaiu.*
5 *Maiu.*
6 *Berber.*
7 *Arma.*
8 *Arkaka.*
9 *Bukak.*
10 *Takrou.*
11 *Garsas.*
12 *Ark.*
13 *Sursur.*
14 *Ulubu.*
15 *Anken.*

Il a été impossible jusqu'à présent d'assimiler à ceux de peuples modernes ces noms de peuplades du Soudan; nous ne possédons aucun élément de comparaison,

Mais les pays du nord nous sont mieux connus, grâce aux documents nombreux que nous ont laissés les Grecs, les Hébreux et les Assyriens.

1 *Naharain*, (la Mésopotamie).
2 *Takhis*, (vers les sources de l'Euphrate).
3 *Sengar*, (Singara)
4 *Mâtena*, (le Mitani assyrien, en Mésopotamie).
5 *Lenat*.
6 *Assur*, (l'Assyrie).
7 *Pabikh*.
8 *Artug*.
9 *Segrur*.
10 *Chasu*, (le pays à l'est de l'Oronte et du Jourdain).
11 *Khaberkh*, (le Khabour?)
12 *Birga*, (le Balikh?)
13 *Artapakh*, (Arrapakhitis)
14 *Khuat*.
15 *Artu*, (Arad)
16 *Kheta*, (pays des Hittites, Syrie septentrionale).

Outre ces deux colosses, onze statues debout, de dimensions moindres, mais ayant encore sept mètres de hauteur en moyenne, sont placées entre les colonnes du fond de la cour. Toutes sont en syénite rose sauf une en granit noir, et représentent Ramsès II coiffé de la double couronne, vêtu de la chenti, un poignard passé dans la ceinture. Leur hauteur inégale a été compensée en partie au moyen de socles plus ou moins élevés, de telle sorte que les épaules sont toutes au même niveau. A côté de chaque statue figure une des épouses du roi, tantôt sculptée en relief, tantôt gravée de profil; la reine Mer-n-maut-Nefert-ari est représentée sur presque toutes; mais on voit une fois la reine Amen-merit, dans l'angle du sud-est, et une fois aussi, la « fille royale, épouse royale Bint-ânta» sur la deuxième statue avant la porte occidentale.

La plus belle des onze statues et la mieux conservée est celle placée la première au fond, dans la série de l'Est. Sa hauteur est de 4m,70, et son socle mesure 0m,60. Sa couronne, taillée dans un autre bloc de granit, a été renversée : on peut lire en dessous les cartouches de Ramsès II. La reine Mer-n-maut-Nefert-ari est ici représentée par une statue haute de 1m,70.

Les inscriptions qui couvrent le dos de la statue ne donnent que la légende royale amplifiée :

1.— L'Horus-soleil, taureau fort aimé de Mât, roi du midi et du nord (prénom) élevé par Ammon, alors qu'il était enfant sur les bras de Maut, afin de devenir un roi s'emparant de tous les pays ; le fils du soleil (nom) donnant la vie...

2.— Le maître des diadèmes, protecteur de l'Egypte, châtiant les nations ; roi du midi et du nord (prénom) s'appliquant à faire des monuments dans la chapelle du père Ammon, créateur de ses beautés ; achevant son temple par un travail pour l'éternité, le fils du soleil (nom)..., comme le soleil.

Les textes des autres statues sont du même genre. Presque partout, Menephtah, fils et successeur de Ramsès fit graver son nom près de la jambe gauche des statues représentant son père. La statue en granit noir de la rangée occidentale penchait fortement en arrière : dans l'antiquité, pour la consolider, on amoncela derrière elle des blocs de pierre, parmi lesquels on voit la partie inférieure d'une stèle de Ramsès III mentionnant quelques travaux de ce roi dans le temple de Louxor.

Cour *B* (Grande colonnade).

ENTRÉE. — La grande colonnade, érigée par Amenhotep III, est renfermée dans une cour dont l'extrémité septentrionale était ornée d'un pylone de 26 mètres de largeur, servant de façade au temple. Les deux ailes n'étaient pleines que jusqu'à une hauteur de quatre mètres, la partie supérieure ne se composait que des parements ; aussi la partie occidentale s'est-elle écroulée dès l'antiquité, le massif oriental a seul conservé à peu près sa hauteur primitive (13^{m},70), il était jadis surmonté d'une corniche de 1^{m},40. A l'époque de sa fondation, deux battants de porte gigantesques fermaient l'entrée du temple ; plus tard on réduisit les dimensions de l'ouverture, du moins dans la hauteur. Philippe Arrhidée construisit, entre les colosses de Ramsès II et le pylône, des piliers destinés à recevoir les gonds de portes plus petites que les anciennes. Un seul pilier de cette époque a subsisté jusqu'à nos jours, c'est celui de l'Est. Il porte les deux cartouches de ce frère d'Alexandre le Grand.

Nous avons vu précédemment qu'Amenhotep III et Hor-m-heb n'avaient décoré que le chambranle de la porte, ou du moins que là seulement, Ramsès n'avait pas gravé ses cartouches. Ce monarque couvrit d'inscriptions toute l'épaisseur du passage à travers le pylône, mais ses successeurs firent ce que lui-même avait si souvent fait à l'égard des monuments de ses devanciers. La partie intermédiaire qu'il avait ornée de tableaux superposés, formait un retrait que Séti II combla en construisant un mur de manière à aplanir toute la surface, et à cacher ainsi les sculptures de Ramsès II pour pouvoir en placer d'autres à son nom.

MURS. — La cour n'est pas absolument rectangulaire : le mur oriental mesure 51^{m},28 seulement de longueur, tandis que celui de l'ouest est de 52^{m},18. Cette différence provient de l'inclinaison qu'Amenhotep III donna au pylône pour atténuer le manque de coïncidence de l'axe du temple avec celui de l'avenue conduisant à Karnak. Les murs étaient aussi élevés que le pylône (15^{m},10) ; creux à l'intérieur ils ont perdu toute leur partie supérieure dès l'antiquité. Aux basses époques, peut-être même seulement au temps des Coptes une ouverture fut percée dans la muraille de l'Est, détruisant encore quelques-unes des scènes si curieuses qui couvrent tout son pourtour.

On ne pourrait affirmer que la décoration de ces murs était commencée lorsque Amenhotep III mourut, elle fut tout au moins interrompue sous les règnes suivants et achevée seulement sous Hor-m-heb dont on lit partout les cartouches.

La fête « d'Ammon dans les Ap » était la plus

importante de Thèbes; on n'avait guère de détails sur les cérémonies qui accompagnaient sa célébration. L'étude des bas-reliefs que nous allons voir semble indiquer que la châsse du dieu sortait du sanctuaire de Karnak, était menée par eau à Louxor, où elle entrait dans le temple, puis reconduite à Karnak à la fin de la journée. Les scènes ont leur point de départ au nord-ouest et se terminent au nord-ouest.

1. *Avant la fête.* — Sur le mur du nord-est Hor-m-heb est représenté offrant l'encens à Ammon et à Maut; il est dans le sanctuaire, dont la porte ornée de fers de lance est figurée derrière lui. Sur le mur de l'est on voit le roi brûlant de l'encens et faisant une libation devant la barque sacrée d'Ammon. Les trois autres barques, placées au-dessous, sont celles du roi, de Maut et de Khonsou; des offrandes de toutes sortes sont disposées sur des tables et dans des corbeilles.

2. *Sortie du temple.* — Les prêtres portent les quatre barques sacrées: vingt-quatre d'entre eux soulèvent chacune d'elles sur leurs épaules; à l'avant et à l'arrière on agite un long chasse-mouches; quatre officiants, revêtus de la peau de panthère, marchent aux côtés du naos; un autre prêtre précède le cortège, en agitant l'encensoir. Le roi suit à pied la barque d'Ammon; en tête de la procession on voit un joueur de trompette et un tambourinaire. Le cortège vient à peine de quitter le temple, dont le pylône est encore visible: l'artiste a représenté les bas-reliefs qui entourent la

porte, les huit mâts dressés devant la façade, les sphinx androcéphales qui ornent l'entrée.

3. *Navigation.* — La procession est arrivée au bord du Nil; les barques divines sont déposées dans de grands bateaux qui remontent le fleuve, soit tirés à la corde, soit à la rame, soit remorqués par des barques à voile. Le cortège suit à pied sur la rive; il est ainsi composé :

1° Un prêtre qui chante un hymne en l'honneur d'Ammon et du roi :

Que ton éclat est beau, Ammon-râ, qui es dans la barque User-hat; les hommes t'adressent leurs acclamations, la terre entière est en fête; ton fils aîné a ouvert le sanctuaire, tu navigues vers Ap (Louxor). Tu lui donnes la royauté des deux terres pour l'éternité..... tu le fais paraître comme un prince heureux; tu le conserves et lui donnes des millions et des myriades de fêtes..... tu lui accordes la force dans le Midi, la victoire sur le Nord, tu élargis pour lui les frontières de l'Égypte dans toute direction. Tu donnes que sa vie ait la durée du ciel; il paraît semblable au disque solaire. Les chefs ennemis viennent à toi, portant leurs tributs sur le dos..... il n'y a pas de fin à leurs offrandes. Ton fils fait des splendeurs dans la fête d'Ap, afin de réjouir vos cœurs. La terre d'Égypte acclame Ammon, reposant dans sa chapelle.... et le bon prince qui fait notre bonheur; Maut qui a créé les beautés protège tes membres, Khonsou de Thèbes, maître de la joie, (t'accordes) des fêtes (nombreuses); ton nom est établi parmi les rois; vive l'Horus produisant les naissances.

2° Un détachement de soldats égyptiens portant le bouclier, armés d'une lance et d'une hache.

3° « Les grands chevaux de Sa Majesté » attelés à deux chars vides.

4° Les hommes qui halent la barque d'Ammon, dans les positions les plus diverses. Plusieurs se retournent ou s'agenouillent pour lancer leurs acclamations à la divinité.

5° Trois nègres dansant et faisant des contorsions pendant qu'un quatrième joue du tambour.

6° Des soldats (?) avec deux plumes sur la tête, frappant l'une contre l'autre deux languettes de bois, en guise de castagnettes.

7° Huit prêtresses tenant chacune à la main un collier et agitant un sistre ;

8° Quatre prêtres.

9° Les haleurs de la barque de Maut ;

10° Des officiers portant des enseignes militaires.

11° Des joueurs de castagnettes.

12° Un homme jouant d'une sorte de mandoline à long manche et d'autres frappant dans leurs mains en cadence.

Les diverses inscriptions qui accompagnent ces scènes dépeignent la joie du peuple de voir les dieux et formulent des vœux en faveur du roi.

4. *Procession à terre.* — Arrivés en face de Louxor, les barques sacrées sont sorties des bateaux qui les portaient, et les prêtres les reprennent sur leurs épaules. Des trompettes et des tambours marchent en tête du cortège; des prêtresses agitent les sistres; des femmes se livrent à des danses gymnastiques, renversant le corps en arrière jusqu'à toucher la terre avec leurs bras allongés.

Au-dessous, on assiste à l'abatage des bœufs et à la préparation des offrandes qui vont être dédiées aux divinités.

5. *Présentation des offrandes.* — Les arches sacrées ont été déposées dans le temple, autour d'elles sont amoncelées des offrandes de tous genres. Peut-être doit-on voir ici des réparations faites par Séti I, car on y rencontre ses cartouches, tandis que tous les autres bas-reliefs portent seulement les noms d'Hor-m-heb. Sur le mur du sud-ouest, le pharaon est représenté en face d'Ammon et de Maut ; quatre prêtres versent dans de grands vases le vin contenu dans des amphores, et le roi consacre cette libation en touchant les vases de son sceptre .

Dans la partie orientale on voit la contre-partie des scènes que nous venons de parcourir, c'est le retour du dieu à Karnak.

Sur le mur du sud-est, Hor-m-heb est encore dans le sanctuaire présentant des bouquets de fleurs à Ammon. Derrière le roi était figuré le groupe des divinités secondaires de Thèbes ; il ne subsiste que les dernières figures, celles d'Isis, de Horus, d'Hathor, de Sebek, de Tanent et d'Anit. Au commencement du mur de l'est, la scène est la même que de l'autre côté en face. Les barques sacrées sont sur leurs socles ; le roi achève d'offrir l'encens et l'eau. La porte de la salle dans laquelle se passe la cérémonie est représentée ici avec les bas-reliefs qui l'ornent ; au dehors, de hauts fonctionnaires attendent inclinés la sortie du pharaon, qui, seul, peut pénétrer dans le sanctuaire et voir face à face la divinité.

6. *Retour de la procession.*— Les prêtres ont repris les barques sacrées et les portent sur leurs épaules. L'arche d'Ammon était représentée au-dessus, celles de Khonsou, de Maut et du roi au-dessous; la barque de Maut a disparu quand on a percé une porte dans le mur. Tout au bas, on voit le sacrifice des bœufs et la présentation des offrandes sur le passage de la procession.

7. *Navigation.*— Le retour à Karnak s'effectue par eau. Une première barque porte un naos et divers emblèmes sacrés, deux autres suivent, sur lesquelles sont des musiciens; elles remorquent le bateau qui porte l'arche de Khonsou. Le grand navire qui suit renferme la châsse d'Ammon; une petite embarcation vogue à ses côtés, chargée d'offrandes. Deux barques viennent ensuite de front: celle représentée au bas de la scène est ornée d'une tente magnifique et appartient à la reine Nedjem-Maut, femme d'Hor-m-heb; celle du haut remorque la nef de Maut, dont le naos est couvert d'un double dais.

Au dessous de toutes ces barques sont figurés de nombreux personnages longeant la rive. Les groupes qui composent ce cortège sont les suivants:

1° Des officiers portant des enseignes militaires suivis de leurs soldats marchant à une allure très vive.

2° Des nègres sautant et criant.

3° Des soldats, avec musique et étendards en tête.

4° Deux chars attelés de chevaux du roi.
5° Un troisième détachement de fantassins.
6° Des prêtresses agitant les sistres.
7° Quatre prêtres.
8° Un corps de troupe.
9° Des joueurs de mandoline.
10° Des joueurs de castagnettes.
11° Des chanteurs, battant la mesure avec leurs mains.
12° Des prêtres « pour purifier la voie devant le dieu ».

Les petits textes accompagnant ces scènes ne sont encore que des acclamations à Ammon et au roi. Toutefois une mention assez intéressante semblerait indiquer que cette fête d'Ammon dans les *Ap* coïncidait avec le commencement de l'année.

7. *Rentrée dans le temple*. — La procession s'est reformée à terre ; elle arrive au temple dont elle est partie (Karnak ?). La façade en est représentée, avec les huit mâts ornés de banderoles, les bas-reliefs qui ornent la porte, et les sphinx placés devant l'entrée. Près du monument des personnages tiennent des bœufs portant entre leurs cornes des ornements en plumes et en fleurs. Le cortège est précédé de chanteurs, de joueurs de castagnettes, de porteurs de bouquets, de prêtres répandant des fumées d'encens.

8. *Dans le sanctuaire*. — Les cérémonies publiques sont terminées ; les arches des dieux ont repris leur place dans le sanctuaire, les offrandes sont déposées près d'elles ; le roi, seul en la compagnie des divinités, fait encore une libation.

Sur le mur du nord-est Hor-m-heb, avant de quitter le Saint des Saints dont on voit la porte, adresse une dernière adoration à Ammon et à Maut.

Telle est la série des scènes relative à la célébration de la fête. Pour avoir complète la description de tous les bas-reliefs ornant la salle, il faut ajouter les tableaux placés à côtés des portes, sur le chambranle. Ceux du nord montrent des offrandes d'Hor-m-heb à Ammon, ceux du sud mentionnent la dédicace du temple à ce dieu par le même roi. Au-dessus de la fête étaient encore de nombreux bas-reliefs représentent le roi adorant les divinités, il en reste quelques-uns seulement sur le revers du pylône, dans l'un d'eux Hor-m-heb constate qu'il n'a fait que réparer le temple construit par Amenhotep III.

Au-dessous des bas-reliefs courent des inscriptions de Ramsès IV, roi auquel appartiennent aussi les cartouches verticaux gravés tout autour de la salle.

COLONNES. — En débarquant à Louxor on est frappé tout d'abord par la grande taille de la double rangée de colonnes, dont les chapiteaux dominent tout l'édifice. Ces colonnes sont au nombre de 14 ; elles ont 15^{m},80 de hauteur, 9^{m},80 de circonférence moyenne ; elles sont moins grosses toutefois que celles de la salle hypostyle de Karnak, dont la circonférence est de 11^{m}, mais leur position près du fleuve ajoute à leur aspect imposant.

Les chapiteaux encore peints en quelques endroits présentent la forme d'une fleur épanouie de lotus. Les architraves composées de deux pierres accolées sont restées presque toutes en place, seules celles des extrémités sont tombées, l'une du milieu est brisée et arcboutée sur un chapiteau. Chacun des blocs composant ces architraves ne pèse pas moins de 20 tonnes ; malheureusement on n'a pas d'indications sur les procédés qu'employaient les Egyptiens pour élever de telles masses à une si grande hauteur.

C'est à Amenhotep III qu'est due la construction de cette colonnade ; il l'orna seulement, vers la moitié de la hauteur des colonnes, de tableaux le représentant en adoration devant les divinités. Mais ses successeurs firent graver à l'envi leurs noms sur les parties des fûts restés libres de telle sorte qu'on rencontre les cartouches suivants :

1° Ceux d'AMENHOTEP ;

2° De TOUT-ANKH-AMEN, sous le chapiteau ;

3° D'HOR-M-HEB, qui a presque partout substitué son nom à celui de Tout-ankh-amen ;

4° De SÉTI I, surchargeant le cartouche d'Amenhotep ;

5° De RAMSÈS II, qui grave la grosse inscription faisant le tour de la colonne au-dessus des feuilles de la base ;

6° De SÉTI II, qui place son nom entre les feuilles, et à la partie supérieure, au-dessous d'Hor-m-heb.

On remarquera que les soubassements des colonnes, simulant la butte de terre que soulèvent les racines du lotus, ne sont plus circulaires : dans l'allée centrale ils ont été coupés au ras du fût. Cette opération a dû être faite pour permettre le passage de larges catafalques ; à la base des deux dernières colonnes sont des creux qui servaient probablement à placer en travers de l'allée une poutre pour fixer des poulies aidant à la manœuvre des lourds emblêmes religieux dans les processions.

STATUES. — A l'extrémité septentrionale de la cour, entre la première colonne de chaque rangée et le mur du pylône, Ramsès II a placé des statues en calcaire compact. Celle de l'ouest représente un groupe d'Ammon et de Maut, assis côte à côte, la déesse enveloppée dans ses ailes dont les plumes recouvrent tout le corps. A l'ouest est un groupe plus petit composé des deux mêmes divinités, et une statue isolée représentant le roi. Les inscriptions qui couvrent ces monuments sont à la louange du roi ; elles disent que « son nom est aussi stable que le ciel ; que ses édifices dureront autant que le ciel ».

Il est difficile de savoir si cette partie du temple était couverte ; on n'a pas retrouvé de dalles du toit parmi les déblais, et cette salle étant unique en son genre, on ne peut raisonner par analogie. Peut-être les bas-côtés étaient-ils seuls couverts, dans tous les cas les architectes n'auraient pas rencontré d'impossibilité matérielle dans la construction d'une terrasse au-dessus de l'allée centrale, car des dalles de 5m,25 de portée auraient suffi à la couvrir, et nous savons que des matériaux de cette dimension étaient alors d'un usage courant.

A l'extrémité méridionale sont deux piliers en

maçonnerie élevés en avant de la porte, et cachant même quelques bas-reliefs. Ils sont dus aux Grecs ou aux Romains, qui apportèrent au temple d'importantes modifications dont nous retrouverons plus loin les traces.

Grande cour *C*.

La cour d'Amenhotep était entourée, sur trois de ses côtés, d'un portique soutenu par une double rangée de colonnes; au sud elle donne directement accès dans la salle hypostyle *D*.

Le plan primitif du temple ne prévoyait pas l'existence de cette cour : la salle hypostyle se trouvait en avant de l'édifice et devait être fermée au nord par une muraille. Ce n'est qu'après la construction de ce mur, après même qu'il eut été paré, qu'un escalier central eut été construit et que la légende dédicatoire eut été gravée, qu'Amenhotep se décida à prolonger son monument en bâtissant cette cour et la grande colonnade.

Il fit alors abattre le mur et enlever l'escalier; l'espace enfermé par l'épais massif de maçonnerie qui entoure la cour et supporte les colonnes, fut comblé et couvert d'un dallage qui cacha l'inscription délicatoire.

La cour était de plein pied avec la partie sud du temple, mais à un niveau supérieur à celui de la salle qui la précédait ; un escalier devait exister à l'extrémité de la grande colonnade pour y donner accès. Après des siècles, probablement sous les

Macédoniens, on s'avisa de supprimer ces marches, il fallut par suite modifier le sol de la cour. L'escalier une fois enlevé, on abaissa le passage à travers le pylône, on trancha le massif entourant la cour, et toute l'aire reçut une pente dont la partie la plus basse était au débouché du nouveau passage. Cette portion de l'édifice prit alors l'aspect qu'elle possède maintenant.

MURS. — Les murs de la cour se sont partout écroulés, c'est à peine si l'on retrouve, sur quelques points, des fragments de bas-reliefs. Au nord-est, cependant, on voit encore Amenhotep assis dans une barque, tenant un sceptre et une massue. Au-dessous des sculptures sont des inscriptions que Séti II s'est appropriées, mais qui paraissent avoir été gravées sous Menephtah. Plus bas est une série de cavités rectangulaires qui, dans l'antiquité, étaient probablement occupées par des plaquettes en terre émaillée.

La face externe des murs de l'ouest a été décorée par Ramsès II ; les murailles de l'est, grossièrement restaurées avant les Ptolémées ne furent pas même parées. On y voit en différents endroits des graffiti ; deux d'entre eux, placés près de la porte latérale nord-est, offrent quelque intérêt. Le premier, au nom de *Kap-ha-amen* renferme ses protestations de dévouement au dieu Ammon ; le personnage invoque en sa faveur le fait d'avoir réparé en bois d'acacia le naos qui tombait en ruine. L'autre texte, qui ne compte pas moins de vingt lignes, dit qu'*Ankh-pa-khrod*, prêtre d'Ammon, scribe royal et chef des travaux du temple, a exécuté des réparations à Louxor ; que les restaurations commencées en l'an III d'Alexandre durèrent trente-neuf mois et furent reprises sous Philippe Arrhidée.

PORTIQUE. — Les grandes colonnes de la salle précédente figurent des lotus dont le fût représente la tige et le chapiteau épanouie la fleur. Les soixante-quatre colonnes qui entourent la cour sont d'un modèle différent. Le fût est constitué par la réunion d'un certain nombre de tiges de lotus dont huit sont apparentes et forment des lobes. Cinq liens maintiennent le faisceau au-dessous des fleurs, qui sont ici représentées à l'état de bouton, avec l'extrémitée tronquée caractérisant le lotus.

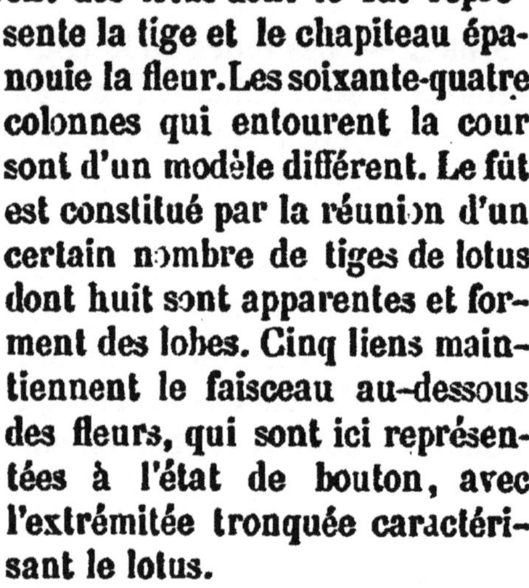

Dans une colonne de l'ancien empire récemment trouvée à Abousir (v^e dynastie), des petits boutons de fleurs sont placés entre les grands : sous la XVIIIe dynastie, ce détail s'était modifié, ces boutons sont remplacés par des petits faisceaux de tiges, liés séparément, maintenus en place par l'attache générale, et dont les extrémités inférieures pendent librement.

A la base du fût sont représentées des feuilles imbriquées sortant de la terre que simule le socle de la colonne.

Les inscriptions des architraves ne contiennent que la légende royale développée et la mention de la construction du temple en l'honneur d'Ammon. Sous Antonin on avait placé aux deux côtés du passage, vers la grande colonnade, des autels avec inscriptions latines; il n'en a été retrouvé que des débris.

Extérieur des chambres du sud.

La partie principale du temple, au point de vue du rite, est édifiée sur un massif de maçonnerie long de 84 mètres, large de 39, ayant une épaisseur de deux mètres. Le sanctuaire était ainsi suffisamment élevé pour ne pas avoir à redouter les inondations.

Le sommet de ce soubassement est orné d'une corniche de 0m,60 de hauteur, au-dessous de laquelle les inscriptions dédicatoires mentionnent qu'Amenhotep a « construit en grès la demeure d'Ammon, fait les battants de portes en bois d'acacia incrusté d'or et les gonds en bronze; que le nom d'Ammon y est tracé en pierres précieuses; que le seuil est en argent, et qu'au-dessous il y a de l'encens dans le sable; qu'il a dressé des mâts en bois d'acacia, incrustés d'électrum et de bronze », etc.

Amenhotep avait laissé sans sculptures les murs extérieurs du temple; c'est Ramsès III qui y fit graver de grandes scènes d'adoration. Près de la porte donnant dans la salle hypostyle, une petite inscription fait savoir que des réparations ont été exécutées par le grand prêtre Râ-men-kheper, fils de Pinedjem (XXIe dynastie). Du côté du fleuve, presque toute la paroi extérieure du soubassement a été reprise en sous-œuvre à l'époque gréco-romaine.

Sur le mur du sud, près l'angle est, le roi éthiopien Chabatoka (XXVe dynastie) a fait enlever un des bas-reliefs de Ramsès III, et fait graver à la place deux scènes d'adoration à Ammon et à Maut.

Le mur oriental du sanctuaire est entièrement détruit jusqu'à la base; sur son emplacement il existe de petites colonnes en briques d'époque romaine. Peut-être qu'aux derniers temps du paganisme on avait tenté de remplacer le mur par ces piliers, et des entrecolonnements en briques crues. Plus loin la muraille formant actuellement l'angle, est une réfection de basse époque, ainsi que la paroi extérieure du mur de la salle hypostyle.

Salle hypostyle *D*.

La salle hypostyle n'est pas parfaitement rectangulaire; le mur oriental a une déviation assez prononcée vers l'ouest. Ouverte au nord sur la grande cour, elle communique au sud avec cinq chambres; sur chacun des côtés est et ouest une petite porte donne accès à l'extérieur du monument.

Les murs ont reçu à leur partie inférieure une série de cartouches de Ramsès, III et plus haut des creux dans lesquels étaient encastrées des plaquettes d'émail; la légende de Séti II gravée en une longue bande horizontale surmonte le tout Les nomes de l'Egypte, symbolisés par des Nils alternativement rouges et bleus, sont représentés autour de la salle. Les nomes dont les noms sont encore visibles sont les 4e, 8e, 9e, 10e, 11e, 12e, 13e, 14e, 16e, 17e, 18e, 21e, 22e de la Haute-Egypte; les 3e, 6e, 7e, 8e, 9e et 10e de la Basse-Egypte.

Le mur de l'ouest est détruit au-dessus de ces personnages géographiques; le mur de l'est au contraire est complet jusqu'au faite. Il est couvert de tableaux dans lesquels on voit le souverain adorant les divinités. Les scènes du registre inférieur sont analogues à celles du mur ouest de la cour de Ramsès. En plusieurs endroits, au milieu des tableaux, des inscriptions mentionnent des réparations exécutées par Séti I. Les portes latérales ont été refaites sous Ramsès II.

COLONNES. — La salle hypostyle renferme huit rangées de quatre colonnes, toutes pareilles à celles de la grande cour. L'espace entre chaque rang, d'axe en axe, est d'environ 3m,60, l'allée centrale, plus large, a cinq mètres, Les colonnes ont reçu vers leur partie inférieure le cartouche de Ramsès IV, surchargé ensuite par Ramsès VI.

De même que dans la grande colonnade, le socle des colonnes de l'allée centrale a été tranché verticalement : on a obtenu ainsi un passage de $3^m,75$ de largeur. La même opération a été faite dans les allées médianes placées en face des chapelles de Maut et de Khonsou, de manière à ouvrir une voie de $1^m,78$ et $1^m,90$ et permettre ainsi le transport des barques sacrées à travers la salle hypostyle.

Ces coupures ont dû être faites sous Alexandre lorsqu'on éleva le nouveau sanctuaire et qu'on supprima les escaliers.

Contre les colonnes qui bordent l'allée centrale se trouvent des piliers en maçonnerie, et sur lesquels on a représenté le roi Amenhotep III. Il est peu probable cependant que ces piliers datent du fondateur du temple : on remarquera en effet qu'ils cachaient les cartouches de Ramsès VI, ils sont donc d'époque postérieure.

Les morceaux d'architrave en granit rose précédant les deux colonnes du milieu, portent les cartouches de Sebekhotep II ; des piliers sont placés à l'entrée des passages conduisant aux chambres de Maut et de Khonsou.

L'architrave centrale du côté de la cour avait été brisée et réparée depuis l'antiquité. On voit dans les dés qui la supportent des cavités faites pour recevoir les extrémités d'une poutre de soutien.

AUTEL ROMAIN. — A gauche de l'allée principale, entre les deux dernières colonnes, les Romains avaient construit un autel, sur le devant duquel on lit l'inscription suivante :

FORTISSIMO AC PIISSIMO
IMP. D. N. FL. VA. CONSTANTINO
P. F. INVICTO AVGVSTO
VAL. ROM. ET ALCAVP. DVX
LEG. ET THEB. UTRARVMQUE
LIB. ANIMO EIVS SEMPER
DICATISSIMVS

C'est une des rares inscriptions latines trouvées en Égypte ; le grec était resté la langue officielle sous les empereurs romains.

Salles *E* (Église copte), *E'*, *E"*.

En suivant l'axe du temple, après avoir traversé la salle hypostyle, on pénètre dans une pièce dont l'aspect a profondément été modifié depuis sa construction. Du temps d'Amenhotep, il devait y avoir dans cette chambre six colonnes pour en soutenir le toit. Lors de l'établissement du christianisme, les colonnes furent supprimées ; leurs tronçons servirent à surélever le dallage, ce qui nécessita la construction d'un escalier de quatre marches. On mura la porte du fond en y ménageant une niche au-dessus du massif formant l'autel ; deux colonnes monolites en granit, munies d'un socle et d'un chapiteau en grès, accompagnèrent à droite et à gauche le tabernacle du Christ. Les murs étaient couverts de bas-reliefs ;

les néophytes commencèrent par mutiler les visages des divinités et les emblèmes païens; puis on recouvrit les murs d'une couche de mortier et de plâtre sur laquelle on peignit à fresque des sujets en rapport avec la destination nouvelle de la salle. Le bas fut laissé blanc; à 1m,50 du sol on mit une série de grandes rosaces multicolores d'un dessin compliqué, et au-dessus des scènes religieuses. Ces peintures sont maintenant en mauvais état; le haut des personnages manque, il est impossible de reconnaître les sujets représentés. Cette dégradation est d'autant plus regrettable que ces fresques paraissent avoir été soignées et auraient donné un bon spécimen de l'art romain de la décadence.

Dans les endroits où le crépi est tombé, reparaissent les sculptures d'Amenhotep III. Sur le mur nord-est, le pharaon est représenté porté en palanquin, escorté de soldats et de courtisans (suten rekh) munis de leurs armes. Le roi se rend au sanctuaire d'Ammon, à qui il va présenter l'encens. A l'est, les parties qui n'ont pas été réparées offrent les fragments d'une longue inscription. A gauche de la niche du fond, on remarque une belle figure de la déesse Ament, coiffée de la couronne du nord, les mains surmontées du signe de l'eau.

A la partie inférieure des chambranles de la porte murée, des inscriptions mentionnent une réparation de cette porte par un des successeurs de Khu-n-aten, le roi Aï de la XVIIIe dynastie.

A la salle *E'* se rattachent deux petites chambres

latérales *E'* et *E"*, dont les murs ne paraissent pas avoir reçu de sculptures. La chambre *E"* a été mise en communication avec la salle *F* lors de la consécration de l'église. Ces deux pièces isolées du reste du temple pouvaient servir de sacristie.

Salles *F. G. H. I.*

Ces quatre chambres ont leur entrée an fond de la salle hypostyle, à droite et à gauche de celle qui fut convertie en église chrétienne. La chambre *F* n'a gardé que quelques bas-reliefs, presque tous ses murs ayant été refaits à une basse époque. Les inscriptions qui subsistent montrent qu'elle était dédiée à Khonsou. La porte en a été murée par les coptes, en même temps qu'une ouverture était pratiquée dans la paroi du fond, pour la mettre en communication avec la chambre *E"*.

Les textes qui encadrent la porte nous apprennent que la salle *G* était consacrée à Maut; les tableaux gravés sur les murs ne nous présentent que des scènes d'adoration à la déesse-mère sous ses différentes formes. Sous le nom de maîtresse d'« Acher », qui était la désignation de son temple à Karnak, Maut se confond avec Sekhet, la déesse à tête de lionne, adorée dans le territoire du 18me nome de la Basse-Egypte, le Bubastite, également appelé « Acher. »

Aussi, dans les bas-reliefs, Maut a tantôt une tête humaine, et le vautour avec la double couronne forment ses insignes, tantôt une tête de lionne. C'est pour le même motif qu'Amenhotep avait placé tant de statues léontocéphales dans le temple de Maut à Karnak.

La salle *H*, d'après les inscriptions placées à l'extérieur de la porte, était la chapelle de « Khonsou de Thèbes, qui repose en paix. » Cependant l'intérieur ne présente que des scènes d'adoration à Ammon et à Min.

L'escalier conduisant à la terrasse du temple avait son entrée dans la pièce *I*. Il a été entièrement détruit et l'on ne distingue plus que les traces laissées par les marches sur les murs latéraux.

Salle *J*.

A la suite de l'église copte vient une chambre carrée de 10m,75 de côté, renfermant quatre colonnes de 9 mètres de hauteur. Voici le détail des scènes qui couvrent les parois.

1° Partie orientale.

REGISTRE INFÉRIEUR. — *Mur nord.* — Amenhotep III suivi de son « Ka » (1) présente aux dieux des offrandes, qu'il pose sur un autel.

Mur est. — 1° Le roi fait brûler de l'encens devant Ammon ;

2° Il attise avec une sorte d'éventail le feu d'un brasier sur lequel grille de la viande.

(1) D'après les Egyptiens, l'homme se compose de plusieurs êtres différents : le corps (kha), l'âme (bi), le lumineux (khu) et le double (ka). Ce dernier est une sorte d'ombre identique au corps, qui souvent se confond avec l'individu, mais dans certaines circonstances est représentée séparément.

3° Le roi suivi de son « ka » accompagne les prêtres, qui portent sur des brancards des vases sacrés de différentes formes.

4° Les vases précédents et d'autres sont déposés sur des tables.

5° Le roi les consacre en les touchant du bâton ☥, et les présente à Ammon et à Maut.

Mur sud. — Le roi accompagné des déesses Ament et Maut est reçu par Ammon.

SECOND REGISTRE. — *Mur nord.* — Amenhotep est accompagné de la reine et des prêtres. Il dresse la liste des offrandes à faire aux divinités qui habitent le temple. Les couples divins sont ainsi formés :

1° Ammon et Mentou (ou Ammon et Ament); 2° Ament et Toum (ou Mentou et Toum); 3° Shou et Tefnout; 4° Seb et Nout; 5° Osiris et Isis; 6° Set et Nephthys; 7° Horus et Hathor; 8° Sebek et Tanent.

Mur est. — La barque d'Ammon est portée en procession; le roi la précède et présente l'encens.

Mur sud. — Le roi est conduit par Mentou et Toum vers Ammon.

REGISTRE SUPÉRIEUR. — *Mur nord.* — 1° Le roi est tenu embrassé par Ammon; 2° il amène à ce dieu quatre veaux tenus en laisse: un tacheté, un rouge, un blanc et un noir.

Mur est. — 1° Amenhotep est embrassé par Ammon.

2° Le roi offre à ce dieu une couronne de fleurs.

3° Il présente l'encens à Min.

4° Il consacre des vases à Ammon en les touchant du bâton ⟶.

5° Il consacre de même les quatre coffres mystérieux.

6° Il joue du sistre devant Ammon.

Mur sud. — Nefer-toum et Sekhet conduisent le roi à Ammon.

2e Partie occidentale.

REGISTRE INFÉRIEUR. — *Mur Nord.* — Le roi offre l'encens à Min porté en procession sur un brancard. Le corps des porteurs est caché par les draperies qui pendent, les têtes et les jambes sont seules visibles.

Mur sud. — 1° Le roi fait porter de grands vases dont le couvercle est formé par une tête de bélier.

2° Il les présente à Ammon.

SECOND REGISTRE. — *Mur nord.* — Amenhotep tenant trois vases de la forme ♁ réunis ensemble, en verse le le contenu, lait et vin, sur un autel chargé d'offrandes, placé devant Ammon dans son naos.

Mur ouest. — 1° Le roi, accompagné de la reine et de ses enfants, fait transporter de grands coffres dont le tour du couvercle est orné d'urœus.

2° La reine agite le sistre, pendant que le pharaon offre l'encens et des fleurs à Ammon.

Mur sud. — Le roi est présenté à Ammon par Mentou et Hathor d'Héliopolis.

REGISTRE SUPÉRIEUR. — *Mur nord.* — 1° Amenhotep offre des « pains blancs » à Ammon. 2° Il lui consacre des offrandes de toutes sortes.

Mur ouest. — 1° Le souverain, suivi de son « ka », tient deux vases ♁ et marche à grands pas vers le dieu Min.

2° Amenhotep présente des vases ornés à Ammon. Il est suivi de son double et porte la légende royale des souverains morts.

3° Le roi fait dresser le mât symbolique en présence de Min.

4° Les esprits de Pa (Buto) et de Nekhen (Eilythia) représentant le nord et le midi, sont dans leur pose ordinaire : agenouillés, un bras levé et lançant des acclamations. Un prêtre revêtu de la peau de panthère leur fait une offrande.

5° Le dieu Râ présente le roi agenouillé à Ammon.

Mur sud. — Amenhotep est conduit devant Ammon par les déesses Sekhet (ou Maut) et Ament.

En haut des murs, tout autour de la salle, la frise est ornée d'images du roi agenouillé présentant une offrande différente : vêtements, fard, encens, vin, lait, gâteaux, bouquet de fleurs, etc., à chacune des divinités du temple.

On remarquera que les divinités qui, sur le mur méridional, accompagnent Amenhotep symbolisent les grandes capitales religieuses de l'Egypte. Ament et Maut représentent Thèbes ; Mentou et Toum ou Mentou et Hathor sont les divinités des deux *An* : Hermonthis et Héliopolis ; Nefertoum et Sekhet sont les dieux de Memphis.

La salle *J* est la dernière dont la base des colonnes soit coupée dans l'allée centrale, ce qui semble indiquer que cette modification n'est pas sans rapport avec les remaniements que nous constaterons dans la chambre *O*.

Salles *K. L. M. N.*

Une porte ménagée dans le mur occidental de la salle *J* donnait accès dans la pièce *K*, servant de vestibule aux trois autres.

Le couloir *L* est ouvert sur l'extérieur du temple ; ses parois n'avaient reçu aucune décoration. Les murs qui séparaient *K* de *M* et *M* de *N* ont été détruits, on en retrouve à peine les arrachements.

Les colonnes qui devaient se trouver dans la chambre *N* ont également disparu, en sorte que l'emplacement de ces trois salles ne forme plus qu'une cour.

Dans les salles *M* et *N* se trouvaient sept des naos qui entouraient le sanctuaire ; mais les traces qu'ils ont laissées sont si légères qu'on ne pourrait les reconstituer sans l'aide de ceux qu'on verra plus loin.

Salle *O*. (Sanctuaire d'Alexandre).

Cette salle, presque carrée (10m,60 de largeur, 11m,15 de longueur), a subi depuis Amenhotep des modifications qui en ont totalement changé l'aspect. Comme la salle *J*, elle possédait primitivement quatre colonnes. Le sanctuaire qui, sous les Pharaons, occupait la dernière chambre du temple, fut reporté dans cette pièce au temps d'Alexandre le Grand : les quatre colonnes furent supprimées ; le niveau de la salle fut légèrement surélevé, et on édifia au milieu de la pièce une sorte de chambre ouverte aux deux extrémités, destinée à abriter la barque sacrée d'Ammon. C'est sans doute à la même époque que les bases de toutes les colonnes situées de part et d'autre de l'allée centrale du temple furent coupées pour élargir le chemin. Les murs de ce sanctuaire sont bâtis à la place qu'occupaient les colonnes d'Amenhotep III ; les architraves des extrémités ont même été laissées telles quelles. Sous les deux du nord, on remarque un creux dans lequel était probablement placée l'extrémité des poutres destinées à les soutenir pendant la construction des murs.

MURS DE LA SALLE. — Les murs de la salle ont conservé leurs bas-reliefs du temps d'Amenhotep. Presque tous les tableaux montrent ce roi en adoration devant les divinités de Thèbes; quelques scènes sont cependant dignes d'attirer l'attention. Vers le fond de la salle, sur chacun des murs est et ouest, on remarque une belle représentation de la barque d'Ammon, ornée à la proue et à la poupe d'une tête de bélier avec un large collier. Le dieu est invisible dans le double naos, recouvert d'un voile sur lequel sont dessinées deux déesses agenouillées. Elles étendent leurs ailes pour protéger le scarabée portant le sceau de l'éternité.

Sur le mur est on voit aussi le roi, tenant un bâton et une massue, consacrant avec le ☥ l'épaule droite d'un certain nombre d'animaux tués : bœufs, veaux, chèvres, gazelles et antilopes de plusieurs espèces. Amenhotep a ici, au lieu de sa légende royale, la légende qui, à Biban-el-Molouk, est attribuée à tous les rois morts : « L'Horus soleil, qui est parmi les doubles (*Ka*) de tous les vivants, maître des diadèmes, qui est parmi les doubles de tous les vivants, Horus d'or qui est parmi les doubles de tous les vivants, roi du midi et du nord, fils du soleil, qui est parmi les doubles de tous les vivants (Râ-mâ-neb), fils du soleil (Amenhotep, roi de Thèbes), vivificateur. »

Au fond de la salle, le roi est figuré agenouillé devant Ammon. A droite de la porte, le pharaon est présenté par la déesse Ur-hekat, et le dieu lui donne la couronne blanche, celle de la Haute-Egypte; à gauche il reçoit, grâce à Sekhet, la couronne rouge, avec les « dignités de Toum » et « la victoire sur toutes les nations.

Dans le mur oriental, la petite porte qui existait depuis Amenhotep a été agrandie par les Romains et recouverte d'une voûte en demi-cercle.

SANCTUAIRE. — Les murs de la chambre d'Alexandre, tant à l'intérieur qu'à l'extérieur, sont couverts de tableaux nous montrant ce roi faisant des offrandes à Ammon et à Min, généralement accompagnés d'une déesse : Maut, Ament, Apt et parfois de Khonsou.

Extérieurement, au-dessus des tiges de papyrus qui ornent le soubassement, sont représentés des personnages symbolisant les nomes ou provinces de l'Egypte, apportant les produits du sol.

Au-dessus des portes, on voit l'ornement architectural qu'on retrouve au fond d'un grand nombre de sanctuaires, notamment à Abydos et à Deir-el-Bahari. L'épaisseur de la porte est couverte des cartouches d'Alexandre, nom et prénom alternés. Dans la chambre et tout en haut des murs, Alexandre se vante d'avoir « fait comme monument pour le père Ammon-râ, la « grande demeure » à nouveau, en pierre de grès, avec des portes en acacia incrusté d'or.... d'après ce qu'elle était au temps de la majesté du roi Amenhotep ». La mention n'est pas exacte. Sous le fondateur du temple, le naos, le Saint des Saints, se trouvait dans la dernière salle du monument. Peut-être la barque d'Ammon était-elle déposée dans cette pièce, mais il n'y avait pas alors un édicule fait spécialement pour l'abriter ; les traces des quatre colonnes en sont une preuve indéniable.

PLAFONDS. — Le plafond de cette salle a encore gardé une partie de ses couleurs. Il était peint en bleu, sur lequel se détachait un semis d'étoiles jaunes à cinq branches. Dans l'allée centrale sont figurés des vautours planant, tenant dans leurs serres de longues plumes et le sceau, emblème de l'éternité.

Salle *P* (Chambre de la naissance d'Amenhotep).

Trois colonnes lotiformes se trouvent dans le milieu de cette salle. Du côté oriental il subsiste la façade des quatre naos qui s'appuyaient au mur extérieur ; les figures et les textes de cette paroi ne présentent aucun intérêt particulier; il n'en est pas de même des scènes gravées sur les trois autres murs, qui montrent que cette salle remplaçait le Mammisi ou petit temple de la naissance qu'on trouve à proximité des grands édifices ptolémaïques.

Les tableaux du mur septentrional sont malheureusement en mauvais état ; on distingue cependant Amenhotep conduisant des veaux vers la déesse Maut, des hommes amenant au pharaon une barque posée sur un traineau, et au milieu de laquelle est figuré le disque solaire, enfin le roi égorgeant une antilope qu'il tient par les cornes.

C'est la muraille occidentale qui offre les scènes les plus curieuses, déjà remarquées par Champollion. Elles sont réparties entre trois registres qu'il faut examiner en commençant par celui du bas et allant de gauche à droite.

REGISTRE INFÉRIEUR. — 1° Khnoum, assis en face d'Isis, façonne sur son tour un corps humain et son « double ». En travaillant il dit : « Tu seras roi d'Egypte, prince du désert, toutes les terres seront à toi, les neuf arcs (les barbares) seront sous tes sandales; le trône de Seb sera à toi, etc. ».

2° Ammon et Khnoum sont en présence ; le texte qui rapportait leur conversation est effacé.

3° Ammon et la reine Maut-m-ûa, femme de Thotmès IV, sont assis dans le ciel, en face l'un de l'autre, les jambes entrecroisées. Tous deux portent comme coiffure les deux longues plumes. Au-dessous, les déesses Selk et Neith, assises sur un lit, soutiennent de leurs mains les pieds des deux personnages.

Les textes qui accompagnent cette représentation expliquent qu'Ammon avait pris les traits du roi pour pénétrer auprès de la reine. Le dieu déclare ensuite que le nom de l'enfant à naître sera « Amenhotep, prince de Thèbes », par l'assemblage de certaines paroles prononcées par la reine pendant qu'ils étaient en présence.

4° Le roi est vis-à-vis d'Ammon ; le dieu Thot leur adresse un discours presque entièrement détruit.

5° Maut-m-ua est tenue embrassée par Isis, en face d'Ammon.

SECOND REGISTRE. — 1° Thot annonce à la reine qu'Ammon lui a accordé un fils.

2° Maut-m-ua dont l'état de grossesse est visible, est soutenue par Isis et Khnoum qui lui font respirer le signe de la vie.

3° Les génies de Pa et de Nekhen, représentant les dieux du nord et du midi, sont dans leur pose habituelle, lorsqu'ils aperçoivent une divinité. Thoueris, protectrice de l'enfance, et Bes qui chasse les mauvais esprits sont avec les génies.

4° Isis présente l'enfant à Ammon, qui lui dit: « Viens, viens en paix, fils du soleil, de sa race (Râ-mât-neb). »

5° L'enfant est assis sur les genoux d'Ammon; sa destinée se règle. Isis est debout; Maut apporte la tige de palmier terminée par le signe des fêtes, et dont chaque nœud correspond à une année. Ammon dit: « Viens en paix, fils de ma race (Râ-mât-neb); je t'ai donné d'avoir des millions d'années, comme le soleil. »

TROISIÈME REGISTRE. — 1° La reine met au monde un enfant. Elle est assise sur un lit orné de têtes de lions, entouré d'une balustrade et dont le bas est garni d'une série de nœuds symboliques « ta ». Au-dessus du lit l'enfant, déjà habillé en roi, est figuré deux fois, buvant le lait de la vache Hathor.

2° Les neufs Hathors, coiffées de deux flèches croisées, comme la dessse Neith, assistent à la scène précédente.

3° Deux dieux Nils, un bleu et un rouge emportent le nouveau-né et son « ka » pour les purifier.

4° Horus présente l'enfant et son double à Ammon, qui dit: Je te donne toute vie et tranquillité; tu seras élevé comme roi du midi et du nord sur le siège d'Horus; toute joie sera avec ton « ka » comme le soleil.

5° Scène peu distincte à laquelle assistent Khnoum et Anubis.

6° Amenhotep enfant et son double sont représentés d'abord assis, puis debout devant Ammon.

7° Amenhotep a pris possession du trône; il est figuré

debout et la légende dit que c'est « l'Horus des vivants, la joie est avec son double ; il gouverne la zone du disque, il dirige ses deux terres, comme l'a ordonné Râ, pour toujours. »

Le mur du sud est consacré à la reconnaissance du jeune prince comme souverain. Les scènes sont à suivre de droite à gauche.

REGISTRE INFÉRIEUR. — 1° Toum prend par la main le prince que lui ont amené Khnoum et une autre divinité.

2° Amenhotep enfant est debout sur les genoux d'Ammon, qui lui donne les sceptres. Maut est représentée derrière le trône du dieu.

REGISTRE MOYEN. — 1° Les neuf grandes divinités du cycle sont réunies, ce sont : Mentou, Toum, Shou, Tefnout, Seb, Nout, Osiris, Isis, Horus. Thot leur adresse une allocution et leur annonce qu'Amenhotep « est monté sur le trône d'Horus, comme roi du midi et du nord. » Les dieux le reconnaissent comme héritier de Toum, et permettent que « toutes les nations soient abattues sous ses pieds. »

2° Le roi, derrière lequel se tient Ouadjit, la déesse du nord, est agenouillé devant Toum dans son naos et le remercie de lui avoir donné les couronnes.

3° Le prince adolescent offre deux vases de vin au dieu Min.

REGISTRE SUPÉRIEUR. — 1° Le roi enfant est purifié par Toum et Mentou, qui symbolisent les deux parties de l'Egypte.

2° Amenhotep, tenant les sceptres royaux, est assis sur un siège reposant sur la corbeille symbolique des fêtes que portent Anubis et Horus. Thot, « le seigneur des divines paroles », constate que le roi « s'est fait un grand nom » par suite de ses victoires sur les Nègres, les Syriens et les Barbares.

3° Ammon lui-même présente le Pharaon aux esprits de Pa et de Nekhen qui l'acclament.

Salle *Q*.

La disposition de cette salle était analogue à la précédente. Trois colonnes lotiformes se trouvent en son milieu, et quatre naos en occupaient le fond. Trois portes la mettaient en communication avec les chambres *O*, *P* et le corridor *S*.

Il est regrettable que les sculptures qui couvraient les murs de cette salle soient en mauvais état. Les scènes encore visibles paraissent avoir rapport à l'intronisation d'Amenhotep, et compléter ainsi celles que l'on vient de voir.

Sur le mur de l'ouest, on distingue le roi entouré de signes de vie que répandent sur lui Horus et Thot; plus loin Khonsou et Toum l'introduisent dans le temple d'Ammon. Au sud, le roi est représenté assis à côté de Toum. Ouadjit, « maîtresse du ciel » à tête de lionne surmontée du disque, et Houd « maître du ciel, maître du sanctuaire », lui concèdent l'autorité. Les registres supérieurs sont remplis de scènes d'adorations et d'offrandes aux divinités.

Au nord, le roi se livre à la chasse mystique dans les marais. Il est monté sur une barque en papyrus, dont les extrémités ont la forme de la fleur de lotus, fermée à l'avant, épanouie à l'arrière. Il présente ensuite à Min les produits de son expédition : d'abord des oiseaux aquatiques et des fleurs de lotus, ensuite des bouquets.

Salles *R. S. T. U.*

La salle *R* dont le plafond était soutenu par deux rangées de six colonnes servait de vestibule aux pièces du temple les plus reculées, et notamment à la salle *X* qui constituait le Saint des Saints. C'est donc le véritable pronaos de Louxor. Les représentations qui couvrent les murs rentrent dans l'ordre des scènes banales d'adoration aux diverses divinités.

Sur la partie gauche du mur est, on remarquera Amenhotep III conduit à Ammon par Khonsou, Maut et Ouadjit, « maîtresse de Butô ». Sur cette même paroi, mais à droite de la porte, le roi est purifié par Horus et Thot, qui vident au-dessus de sa tête des vases d'où sortent des quantités de signes de vie.

S. T. U. étaient des corridors en communication avec la salle *R*, et qui desservaient chacun trois naos. C'est du moins ce qu'on peut conjecturer d'après les traces qui subsistent en *T* et *V*; la chambre *S* a été totalement détruite.

Salle *V.*

La salle *V* possédait primitivement deux portes: celle qui donnait sur le vestibule *R* a été murée à l'époque romaine, et l'on n'a gardé que l'autre, ouvrant sur le corridor *V*.

Les deux listes d'offrandes gravées sur le mur

est, laisseraient supposer qu'on déposait les provisions dans cette salle. Sur le mur nord on voit encore les cérémonies déjà signalées du roi amenant quatre veaux de couleur différente, puis agitant une massue devant les quatre coffres mystérieux, surmontés de plumes d'autruche. Les couleurs rehaussant les bas-reliefs de cette salle sont restées assez vives.

Salle *X* (Sanctuaire).

Cette salle, la plus reculée du temple dans l'axe principal, était le Saint des Saints. C'est en elle que reposait l'image du dieu suprême, enfermée dans un naos que le roi avait seul le droit d'ouvrir.

Ce naos n'était pas creusé dans un bloc de pierre dure, transportable, comme par exemple d'Edfou. Construit en même temps que le temple, en blocs de grès, il occupait le fond de la salle, entre les deux dernières colonnes et le mur sud. L'on en distingue parfaitement les traces, les pierres des colonnes et du mur n'ayant pas été repolies après qu'il eut été détruit.

A côté de la porte on voit le roi introduit dans le sanctuaire par Toum, le fondateur de la monarchie divine sur les deux terres, et Horus, le dernier roi des dynasties divines, dont les Pharaons étaient les successeurs A part cette scène, tous les autres tableaux ne représentent qu'Amenhotep en adoration devant Ammon et Min.

Les quatre colonnes sont ornées à mi-hauteur

d'un tableau peint en bleu, sur lequel se détachent en jaune les noms et prénoms du fondateur du monument.

Salles *Y* et *Z*.

La salle *Y* est symétrique par rapport à la salle *V*. On n'est pas encore suffisamment renseigné sur le plan des anciens temples égyptiens pour connaître la destination de chaque chambre, et cette destination n'est pas indiquée par les textes de cette époque, comme elle est mentionnée dans les inscriptions des édifices ptolémaïques. A côté de l'entrée on voit Amenhotep III et la reine reçus par Ammon et Maut; les autres tableaux ne montrent plus que le roi en présence d'Ammon.

Une porte percée dans le mur occidental de cette chambre donnait accès dans le corridor *Z*, qui desservait trois naos.

Les naos latéraux 1 à 27.

Autour des salles environnant le sanctuaire, et s'appuyant au mur extérieur du temple, étaient placés à côté les uns des autres vingt-sept petites chambres ou naos, treize à l'ouest, quatorze à l'est. Pas une n'est restée entière mais beaucoup ont laissé quelques traces qui permettent de les reconstituer. Au fond des salles *P* et *Q*, on voit la façade de huit de ces naos; en *Z* subsiste une partie du soubassement au-dessus duquel étaient les niches ; en *V*, à l'angle sud-est du temple, on peut mesurer quelle était la profondeur de ces chapelles.

S'il est permis de rétablir le plan de ces naos, il n'en est pas moins difficile de reconnaître quelle était leur utilité. Leur nombre est égal à celui des divinités qui auraient formé trois ennéades ; mais si chacun d'eux était consacré à une divinité faisant partie d'une neuvaine, les constructeurs se seraient arrangés de manière à ce que chaque groupe de neuf soit séparé ; d'autre part il en manque trois pour que chacun ait été ouvert un jour du mois (1).

Les inscriptions ne nous fournissent aucun renseignement : l'encadrement des ouvertures ne donne que la légende d'Amenhotep III ; au-dessus des baies, les tableaux représentent ce pharaon en présence d'Ammon ; à l'intérieur des naos, au-dessus de la porte étaient représentés des pains et offrandes diverses ; mais nulle part on ne voit d'indications sur les divinités habitantes de ces chapelles.

(1) On observe cependant un certain rapport entre le groupement des naos et les jours du mois lunaire, 3 est le premier Mesper, 7 le premier quartier, 10 la fin de la petite lune, 13 les deux yeux lumineux, 16 le second Mesper, 21 le dernier quartier, 27 l'échange. Quant au vingt-huitième jour, la lune n'étant pas visible, il n'y aurait pas eu de chapelle ouverte.

APPENDICE

Légende royale d'Amenhotep III.

Hor-râ ka nekht khâ m

L'Horus-soleil, Taureau fort se levant avec la

Mât samt smen hepu-u

Vérité; maître des diadèmes, qui maintient les lois

sgereh ta-ui Hor-nub Aâ

et rend paisible les deux terres; Horus d'or, le grand

khopech hu sati-u Suten-bat

du glaive, qui frappe les Asiatiques ; le roi du midi

Râ-mât-neb sa-râ

et du nord, (Soleil maître de Vérité), fils du soleil,

Amen-hotep hak uas du ankh

Ammon paisible, prince de Thèbes, donnant la vie.

Légende royale de Ramsès II.

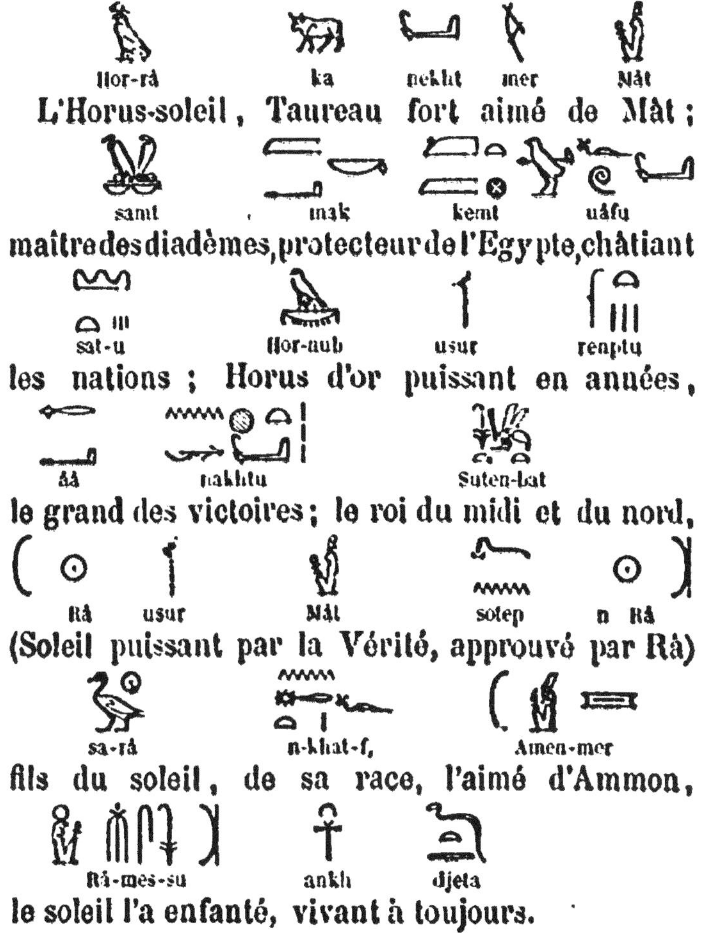

Hor-râ ka nekht mer Mât
L'Horus-soleil, Taureau fort aimé de Mât;

samt mak kemt uâfu
maître des diadèmes, protecteur de l'Egypte, châtiant

sat-u Hor-nub usur renptu
les nations; Horus d'or puissant en années,

âa nakhtu Suten-bat
le grand des victoires; le roi du midi et du nord,

Râ usur Mât sotep n Râ
(Soleil puissant par la Vérité, approuvé par Râ)

sa-râ n-khat-f, Amen-mer
fils du soleil, de sa race, l'aimé d'Ammon,

Râ-mes-su ankh djeta
le soleil l'a enfanté, vivant à toujours.

Cartouches des rois dont le nom se trouve à Louxor.

XIII° dynastie.

Sebekhotep II

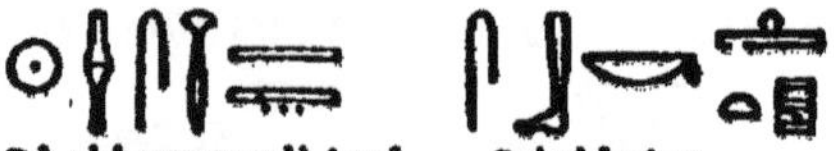

Râ skhem suadj taui. — Sebekhotep.

XVIII° dynastie.

Thotmès IV

Râ men khepru. — Tahut mes khâ khâu.

La reine Maut m ua

Maut m ua

Amenhotep III

Râ mât neb — Amen hotep hak uas.

Khu-n-aten

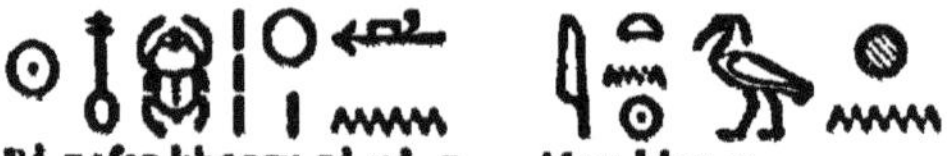

Râ nefer khepru râ-uâ-n — Aten khu-n.

La reine Nefert eiti

Nefer nefru aten nefer eiti.

Toutankh amen

Râ khepru neb — Amen tut ankh hak an res.

Aï

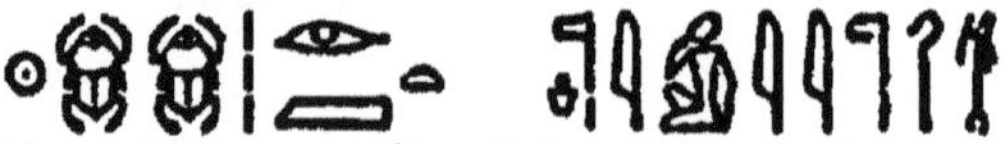

Râ kheper khepru ar mât — Nuter at aï nuter hak uas.

XVIIIe dynastie.

Hor m heb

Râ djeser khepru sotep n râ — Mer n amen hor m heb.

XIXe dynastie.

Seti I

Râ mât men — Mer n ptah seti.

Ramsès II

Râ usur mât setep n râ — Amen mer râ mes su.

Reine Nefert ari

Mer n maut nefert ari.

Reine Bint anta

Binta ânta.

Reine Merit amen

Amen merit.

Menephtah

Bi n râ mer amen — Mer n ptah hotep her mât.

Seti II

Râ usèr khepru mer amen — Seti Mer n ptah.

XXe dynastie.

Ramsès III

Râ usur mât mer amen, — Râ meses hak an.

Ramsès IV

Râ hak mât sotep n amen — Râ meses râ hak mât mer amen.

Ramsès VI

Râ neb mât amen mer — Râ meses mer amen nuter hak an.

XXVe dynastie.

Chabaka

Râ nefer ka — Cha bi ka.

Chabatoka

Râ dad kau — Cha bi to ka

XXXIIe dynastie.

Alexandre

Mer amen sotep n râ — Aleksandres.

Philippe

Mer amen sotep n râ — Philipos.

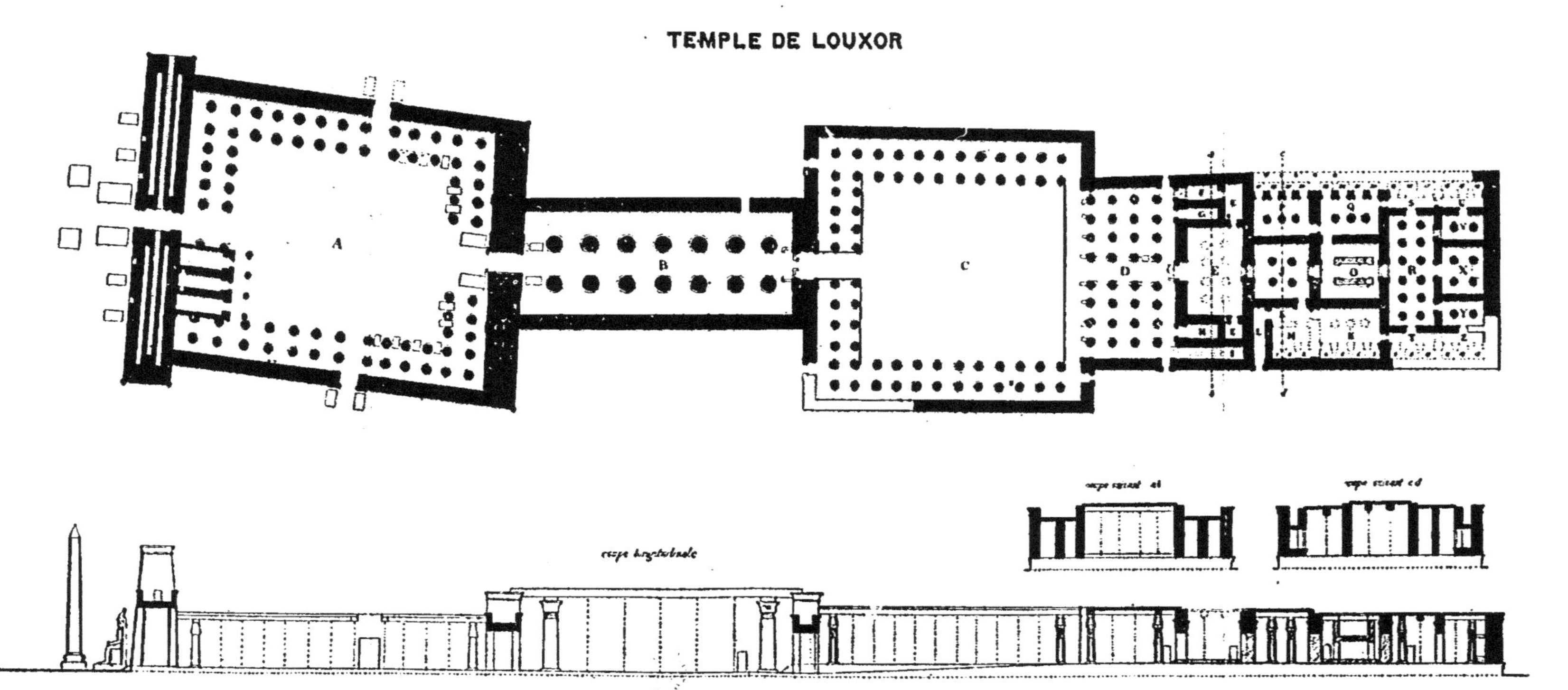
TEMPLE DE LOUXOR
A
B
C
D

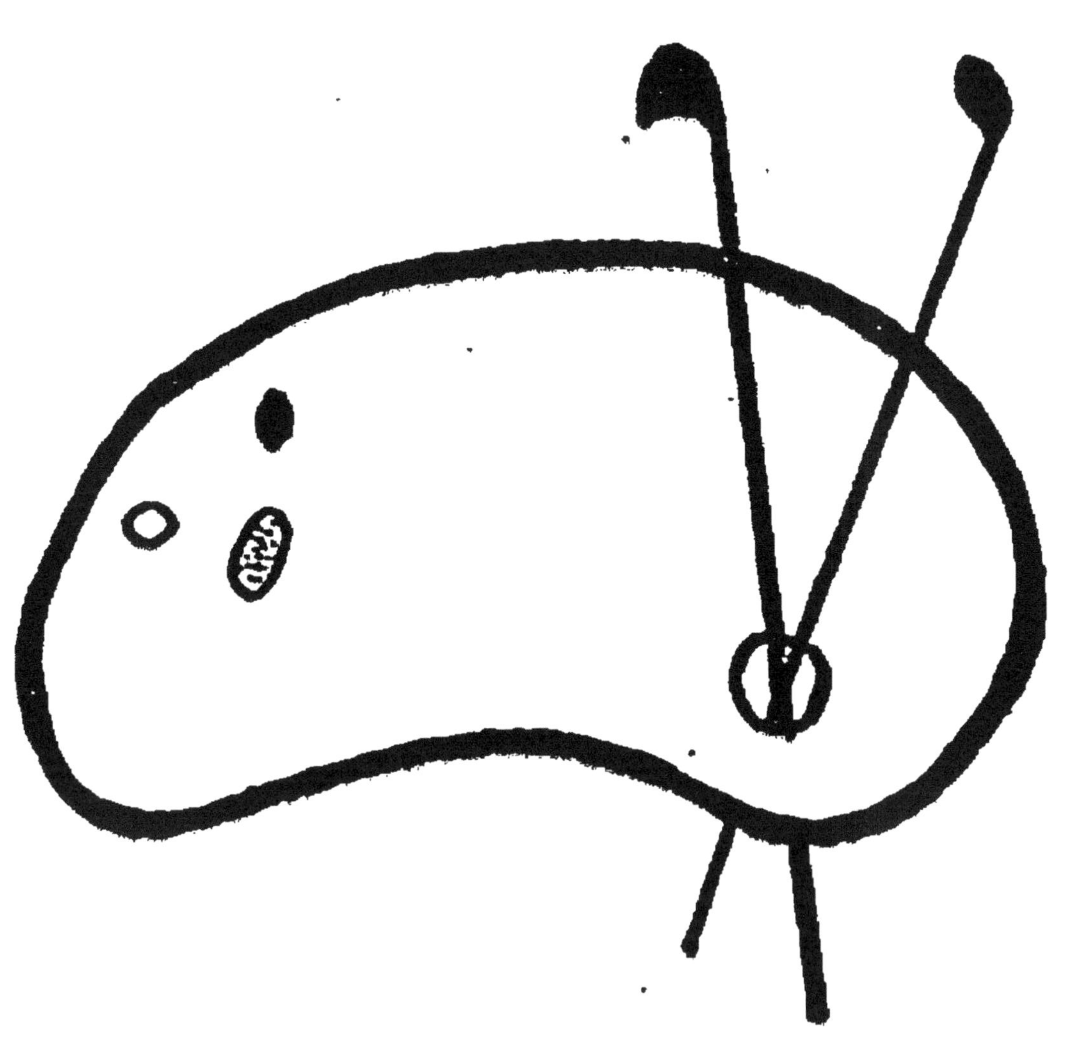

www.ingramcontent.com/pod-product-compliance
Ingram Content Group UK Ltd.
Pitfield, Milton Keynes, MK11 3LW, UK
UKHW021112200726
13857UKWH00003B/1205